周孙煊 —— 著

数字技术驱动下博物馆文化资源开发与利用研究

兰州大学出版社
LANZHOU UNIVERSITY PRESS

图书在版编目（CIP）数据

数字技术驱动下博物馆文化资源开发与利用研究 /
周孙煊著. -- 兰州 : 兰州大学出版社, 2025. 5.
ISBN 978-7-311-06894-3

Ⅰ. G264

中国国家版本馆 CIP 数据核字第 202558RE89 号

责任编辑　宋　婷
封面设计　陈　欣

书　　名	**数字技术驱动下博物馆文化资源开发与利用研究** SHUZI JISHU QUDONG XIA BOWUGUAN WENHUA ZIYUAN KAIFA YU LIYONG YANJIU
作　　者	周孙煊 著
出版发行	兰州大学出版社　（地址:兰州市天水南路222号　730000）
电　　话	0931-8912613(总编办公室)　0931-8617156(营销中心)
网　　址	http://press.lzu.edu.cn
电子信箱	press@lzu.edu.cn
印　　刷	甘肃新华印刷厂
开　　本	710 mm×1020 mm　1/16
成品尺寸	165 mm×238 mm
印　　张	11.75(插页2)
字　　数	162千
版　　次	2025年5月第1版
印　　次	2025年5月第1次印刷
书　　号	ISBN 978-7-311-06894-3
定　　价	58.00元

（图书若有破损、缺页、掉页,可随时与本社联系）

目　录

前　言

　　数字技术的飞速发展，如同一股强劲的东风，为博物馆领域带来了前所未有的变革浪潮。在这场变革中，人们开始深入探索如何有效利用科技手段全面提升博物馆的服务效能，让这一承载着历史与文化厚重底蕴的场所焕发出新的生机与活力。

　　作为博物馆的立馆之本，文物自然而然地成为博物馆运用高新技术的首要保护对象。习近平总书记曾多次作出重要指示，强调文物保护的重要性和紧迫性，国家文物局等相关部门也制定了一系列切实可行的保护政策。这些指示与政策为博物馆的文物保护工作指明了方向，提供了有力的支持。当前数字技术在博物馆领域的渗透与融合日益加深，数字化、智能化等先进技术的应用，为文物的保护、展示和研究提供了全新的手段和平台。在此背景下，如何充分挖掘和利用博物馆的文物数字资源，使其成为推动博物馆事业发展的新引擎，是博物馆在新的历史时期需要深入思考的问题。

　　为此，博物馆需要积极探索数字赋能文化资源的开发与利用路径，通过数字化手段让文物"活"起来，让历史与文化以更加生动、直观的方式呈现在公众面前。同时，还需要加强与其他领域的合作与交流，共同推动文物数字资源的共享与利用，为文化传承与发展贡献更多的智慧和力量。

本书立足于全球数字化发展的时代背景，以数字技术赋能文化资源的活化与利用为核心命题，构建了兼具理论深度与实践价值的学术框架。全书以"政策—技术—实践"为逻辑主线，通过五个章节层层递进展开研究：第一章从国家战略高度阐释文化数字化转型的时代价值与政策演进脉络；第二章深入解析文博领域数字化转型的主流技术内核与应用场景；第三章选取国内外典型案例进行横向对比研究；第四章针对实践中的瓶颈问题提出创新解决方案；第五章系统凝练研究成果，形成可推广的数字转型样本。

本书回应了数字中国建设与文化强国战略的双重需求，既传承"让文物'活'起来"的历史文脉，又开创性地提出文化资源数字化转型的创新路径，为中华文明的数字化传播及全球文明交流互鉴提供有益的参考与借鉴。

第一章　文物数字资源开发与利用背景概述

当前，文化资源数字化转型已成为推动文化传承与创新、提升国家文化软实力的重要引擎。立足国家文化战略全局，深入阐释这一转型的时代价值与研究意义，不仅是对当下文化发展需求的积极回应，也是为文化事业的蓬勃发展探寻新的方向与路径。

本章作为后续研究的开篇之引，将通过回溯研究背景和意义、解读政策背景和战略导向、梳理现状把握动态、筑牢相关概念基石、明确研究内容和研究方法，逐步引领读者走进文化资源数字化转型这一充满机遇与挑战的研究领域。

第一节　研究背景及意义

文化是民族生存和发展的重要力量，是一个国家和民族的灵魂，更是凝聚民族精神的纽带。习近平总书记深刻指出："一个国家、一个民族不能没有灵魂。"这强调了文化对于一个国家、一个民族不可替代的地位和作用。

博物馆作为社会历史文化的重要载体，是公众理解过去、思考当下、启示未来的重要公共文化场所，是为社会服务的非营利性常设机构，发挥着研究、收藏、保护、阐释和展示物质文化遗产与非物质文化遗产的作用。它具有可及性和包容性、促进多样性和可持续性，并向公众开放，为受众提供教育、欣赏、反思和知识共享等多种体验。博物馆是一个地方地域性文化的集中空间，承担着人类文化记忆的重任，是一个城市乃至一个国家文化底蕴和品位的代表，是一个城市或地区的文化中心。在这里，历史与现实交汇，传统与现代融合，人们可以通过一件件珍贵的文物、一段段生动的历史故事，感受到文化的魅力和力量，从而增强对民族文化的认同感和自豪感。

进入新时代，我国社会主要矛盾已经转化为人民日益增长的美好生活需要和不平衡不充分的发展之间的矛盾。美好的生活不仅仅体现在物质层面的丰富和满足上，还体现在精神文化需求的不断提升上。随着人们生活水平的提高和文化素养的提升，人们对公共文化服务和文化产品提出了更高的要求。博物馆事业作为公共文化事业的重要组成部分，事关文化传承、历史延续，事关社会发展、文明进步，其重要性日益凸显。

　　加之近几年来的数字技术与网络技术的惊人发展与大规模扩散，互联网已经渗入各个角落，人们的生活已经离不开互联网。互联网网民的数量也达到了相当大的规模，中国互联网络信息中心（CNNIC）在2024年中国国际大数据产业博览会"智能经济创新发展"交流活动上发布的第54次《中国互联网络发展状况统计报告》显示，2024年6月，我国网民规模近11亿人（10.9967亿人），较2023年12月增长742万人，互联网普及率达78.0%[①]。因此，利用现代技术，有利于加强文化遗产的宣传、展示与传播，促进博物馆事业的繁荣发展，提升公共文化服务的质量和水平。

　　中国共产党走在时代发展的前列，着眼于未来，为我们指明了中国文化发展的道路。党的二十大报告明确提到："要繁荣发展文化事业和文化产业，实施国家文化数字化战略，加大文物和文化遗产保护力度，坚持以文塑旅，以旅彰文，推进文化和旅游深度融合发展。"这也对博物馆未来发展提出了新的要求，传统博物馆向数字博物馆嬗变，顺应数字中国的发展浪潮，成为博物馆发展的必然趋势。如何运用数字技术更好地体现博物馆的文化价值？如何更好地发挥博物馆的教育和文化传播职能？如何充分挖掘和利用博物馆的文物数字资源？这些问题成为博物馆在新的历史时期需要思考的问题。

---

　　①第54次《中国互联网络发展状况统计报告》，https://m.gmw.cn/2024-08/29/content_1303834022.htm。

第二节　博物馆文化数字资源
开发与利用的政策背景

一、习近平总书记对文物保护工作的指示

党的十八大以来，习近平总书记就坚定文化自信、加强文物保护、传承中华优秀传统文化发表了一系列重要论述，明确指出，文化自信是更基础、更广泛、更深厚的自信。文物作为文化的物质载体，对于增强文化自信、强化文化建设具有重大意义。

习近平总书记历来高度重视文物保护工作。河北正定古城、福建三明市万寿岩遗址、辽宁阜新"万人坑"遗址、首都城市规划……无论是到地方考察调研，还是对有关报告的重要批示，他总是身体力行地推动文物保护工作。

2016年4月，习近平总书记对文物工作作出重要指示，要求各级党委和政府增强对历史文物的敬畏之心，树立"保护文物也是政绩"的科学理念，统筹好文物保护与经济社会发展，全面贯彻"保护为主、抢救第一、合理利用、加强管理"的工作方针，切实加大文物保护力度，推进文物合理适度利用，使文物保护成果更多惠及人民群众。他还要求各级文物部门不辱使命，守土尽责，提高素质能力和依法管理水平，广泛动员社会力量参与，努力走出一条符合国情的文物保护利用之路，为实现"两个一百年"奋斗目标、实现中华民族伟大复兴的中国梦作出更大

贡献①。

2021年11月24日，习近平总书记主持召开中央全面深化改革委员会第二十二次会议，会议强调要加强文物保护利用和文化遗产保护传承，提高文物研究阐释和展示传播水平，让文物真正"活"起来，成为加强社会主义精神文明建设的深厚滋养，成为扩大中华文化国际影响力的重要名片。

2024年，习近平总书记多次到文化遗址和各类博物馆参观考察，如2月2日考察了天津市红桥区的平津战役纪念馆，9月11日考察了甘肃省天水市麦积山石窟，10月15日考察了福建省漳州市东山县谷文昌纪念馆，11月4日考察了湖北省孝感市云梦县博物馆。他多次强调要加强文化遗产保护，要加强对文物的保护研究与宣传阐释，要传承创新中华优秀传统文化，增强中华文化影响力。

二、文化资源数字化保护相关政策

针对文化资源保护，国家相继出台了多个政策文件。2017年1月25日，中共中央办公厅、国务院办公厅发布了《关于实施中华优秀传统文化传承发展工程的意见》，对如何实施中华优秀传统文化传承发展工程做出了具体要求，文件中提到"坚持保护为主、抢救第一、合理利用、加强管理的方针，做好文物保护工作，抢救保护濒危文物，实施馆藏文物修复计划，加强新型城镇化和新农村建设中的文物保护"。

2018年7月，国务院办公厅印发的《关于实施革命文物保护利用工程（2018—2022年）的意见》明确提出要"融通多媒体资源"，"让革命文物'活'起来"。

2018年10月，两办印发《关于加强文物保护利用改革的若干意见》，指出要充分运用互联网、大数据、云计算、人工智能等信息技术，推动

---

① 《"平语"近人——习近平谈文物工作》，https://www.12371.cn/2016/04/13/ARTI.shtml。

文物展示利用方式融合创新，推进"互联网+中华文明"三年行动计划。

2020年11月，文化和旅游部印发《关于推动数字文化产业高质量发展的意见》，提出："支持文物、非物质文化遗产通过新媒体传播推广，支持文化文物单位与融媒体平台、数字文化企业合作，运用5G、VR/AR、人工智能、多媒体等数字技术开发馆藏资源，支持展品数字化采集图像，呈现信息共享、按需传播、智慧服务等云展览共性、关键技术研究与应用。"

2021年10月28日，国务院印发《"十四五"文物保护和科技创新规划》，部署十项重点任务。一是强化文物资源管理和文物安全工作，建设国家文物资源大数据库，健全文物安全长效机制；二是全面加强文物科技创新，构建"产学研用"深度融合的文物科技创新体系；三是提升考古工作能力和科技考古水平，建设中国特色、中国风格、中国气派的考古学；四是强化文物古迹保护，坚持系统整体保护；五是加强革命文物保护管理与运用，充分发挥革命文物的重要作用；六是激发博物馆创新活力，提升博物馆发展质量；七是优化社会文物管理服务，完善流失文物追索返还制度；八是大力推进让文物"活"起来的措施，推动文物保护利用工作全面融入经济社会发展；九是加强文物国际交流合作，向全世界讲好中国故事，促进中外文明交流互鉴；十是壮大文物人才队伍，综合施策，推动构建与文物资源规模、文物保护利用任务相匹配的学科结构、管理机构和专业队伍。

中共十九届五中全会通过《中共中央关于制定国民经济和社会发展第十四个五年规划和二〇三五年远景目标的建议》，指出："传承弘扬中华优秀传统文化，加强文物古籍保护、研究、利用，强化重要文化和自然遗产、非物质文化遗产系统性保护，加强各民族传统优秀手工艺保护和传承，建设长城、大运河、长征、黄河等国家文化公园。"

2024年11月8日，第十四届全国人民代表大会常务委员会第十二次会议通过《中华人民共和国文物保护法（修订草案）》，该法于2025年3

月1日起正式施行。修订后的《文物保护法》明确强调，国家将加强文物保护的信息化建设，积极鼓励开展文物保护的数字化工作，大力推进文物资源的数字化采集、展示和利用。同时，法律还鼓励开展文物保护的科学研究，积极推广先进适用的文物保护技术，以不断提高文物保护的科学技术水平[①]。

第三节　国外相关探索和实践与国内研究现状

一、国外相关探索和实践

国外博物馆行业的数字资源开发利用，与我国相比较而言，起步更早，实践经验更为丰富。早在20世纪90年代，当互联网技术刚刚崭露头角之时，国外博物馆便敏锐地察觉到了数字化浪潮所带来的巨大变革潜力，率先开始了数字化博物馆的探索与实践。他们深刻认识到，博物馆所珍藏的宝贵文化遗产，不仅是历史的见证，还是人类文明的瑰宝，其价值和意义远远超出了实体展厅的局限。因此，国外博物馆开始转变思路，不再将自身馆藏的数字资源视为私有宝藏而束之高阁，而是采取了更为开放、包容的对外共享策略。

为了实现这一宏伟目标，国外博物馆之间积极寻求合作，共同建设博物馆联盟，搭建起文物共享平台。通过这些平台的建立，打破了博物馆之间的壁垒，促进了资源的互联互通，使得各博物馆之间的藏品信息、研究成果、展览活动等都能够得到共享，实现了博物馆资源的"泛在

---

① 《中华人民共和国文物保护法》，http://www.ncha.gov.cn/art/2024/11/8/art_722_192259.html。

化"①，最大限度地拓宽了公众获取文化知识的渠道，人们无论身处何地，只需轻点鼠标或滑动屏幕，就能轻松获取来自世界各地的丰富的博物馆资源，感受不同文化的独特魅力。

国外博物馆在文物数据的运用方面更是走在了前列。他们考虑到传统的展厅展示方式虽然直观，但受限于空间和时间等因素，无法让观众充分领略到文物的全貌和内涵，对此，他们借助三维扫描技术、虚拟现实（virtual reality，VR）技术、增强现实（augmented reality，AR）技术等高新技术手段，使得文物以更加生动、直观的方式呈现在观众面前。这些数字化技术的运用不仅让文物突破了实体展厅的局限，还让观众能够在虚拟环境中近距离观察、互动体验，甚至参与到文物的修复和研究过程中来，实现了博物馆的"拓展化"。

要实现博物馆文物数据的活化利用，文物数据的采集与整理是最基础的，也是最重要的环节。国外许多博物馆投入了大量的人力、物力和财力，运用高精度摄影、无人机航拍、激光扫描等各种先进的采集手段，对文物进行全方位、多角度的记录和测量。采集得到的文物数据不仅为文物的数字化展示提供了先天条件，还为文物的保护、研究和传承提供了宝贵资料。这种通过数字化技术实现的文物"数字化"和"孪生化"，也为国外博物馆的智慧化发展奠定了坚实的基础。

如今，随着物联网技术和人工智能技术的飞速发展，国外许多博物馆在文物数字化的基础上，逐渐实现了智慧化转型。他们利用这些先进技术，对文物进行更加深入、全面的研究和展示。比如，通过物联网技术，博物馆可以实时监测文物的微妙变化，及时采取保护措施；通过人工智能技术，博物馆可以对文物进行智能分类、识别和分析，为观众提供更加个性化、精准的文化体验。这些智慧化的应用不仅提升了博物馆的服务水平和管理效率，还为文化的传承和发展注入了新的活力。笔者

---

①博物馆资源的"泛在化"是指在技术手段的作用下，受众不再受物理空间和时间的限制，可以实现无处不在的访问并利用博物馆的文化资源。

通过对国外博物馆数字资源开发利用现状进行深入分析，认为在以下四个方面实现了突破。

第一，数据共享与整合实现博物馆的"泛在化"。

博物馆，作为历史的殿堂、文物的守护者，承载着人类文明的连续记忆并维系着过去、现在与未来的智慧和情感，这要求我们必须以一种全面、关联的视角去审视历史，而非片面、孤立地将其割裂开来。进入数字化时代，国外许多博物馆不再拘泥于单个机构的封闭式、单向传播模式，而是勇于跳出时间和空间的桎梏，致力于实现博物馆及相关行业和部门的数据整合与共享，这一变革的原动力，是对信息无障碍获取和广泛传播的深刻洞察。

博物馆的藏品，不仅是物质文化的遗存，还是人类智慧与精神追求的璀璨结晶，应该尽可能地展示出来，被更多的人目睹、理解、传承。基于此，国外许多博物馆开始借助移动互联网等新型技术手段打破传统展览的局限，实现博物馆资源的数字化、网络化，这样，信息的获取者就能够在浩瀚无垠的历史长河中轻松捕捉到精准而丰富的数据资源。

其中最具有代表性的案例就是CAMIO艺术博物馆在线（Catalog of Art Museum Images Online）。这是一个综合检索平台，通过它可以浏览多家世界知名博物馆的艺术品，参观者只需一次简单的登录，便能跨越地域和机构的界限，访问多家博物馆的珍贵馆藏。该平台通过跨机构、跨地域的资源整合，使得观众在查阅馆藏资料时，不再受到时间和空间的双重限制，无论身处何地，都能随时随地享受到文化的盛宴。CAMIO的成功实践，不仅极大地拓宽了观众的视野，也促进了博物馆之间的资源共享与合作。

而德国文化的数字存储机构和核心门户BAM更是将文化资源"泛在化"这一理念推向了新的高度。BAM整合了德国图书馆、档案馆、博物馆的丰富资源，成为德国唯一一家对外免费提供文化内容搜索服务的网站。这种开放、共享的精神，不仅让德国的文化遗产得到了更广泛的传播和传承，也为全球博物馆行业的"泛在化"发展树立了标杆。BAM的成功经验启示我们：只有打破机构之间的壁垒，实现资源的共享与整合，才能让文化真正走进千家万户，成为人民精神生活的重要组成部分。

除了CAMIO和BAM外，国外博物馆还在图书馆、档案馆的一体化资源检索方面走在了前沿。

早在20世纪80年代，欧美国家就开始对图书馆、档案馆、博物馆三馆资源共享进行探索和实践。他们发现，图书馆、档案馆、博物馆作为文化遗产的重要保存和传播机构，各自拥有独特的资源和优势，但由于这些资源常常分散在不同的机构中，无法形成合力，只有将这些资源整合起来，才能实现文化的最大化利用和传播，让更多的人受益于文化的滋养。近年来，这一理念在实践中得到了进一步验证和发展。

英国的在线服务系统"文化网格"（Culture Grid）便是一个典型的案例。该系统通过整合英国多家博物馆、图书馆和档案馆的数字资源，为观众提供了"一站式"检索服务。观众只需在Culture Grid平台上输入关键词，便能轻松获取跨机构的文化资源，极大地提高了信息检索的效率。

美国的公共数字图书馆DPLA（Digital Public Library of America）也是这一领域的佼佼者。DPLA作为一个全国性的数字图书馆平台，汇聚了来自美国各地图书馆、档案馆和博物馆的数字资源，为公众提供了海量的文化内容。通过DPLA，观众可以轻松地浏览和搜索各种类型的文化资源，包括书籍、图片、音频、视频等，满足了不同观众的文化需求。

日本的saveMLAK项目也是博物馆资源"泛在化"的典型案例。该项目是日本大地震后，博物馆、美术馆、图书馆、档案馆、文化馆、公民馆等文化单位为了支援日本大地震而设立的提供受灾信息、救援情报的网上平台，"MLAK"一词由博物馆、图书馆、档案馆、文化馆的首字母组成。saveMLAK通过与日本各地的博物馆、图书馆和档案馆合作，利用数字化手段保存和传承日本的文化遗产，特别是那些濒临消失的传统艺术和手工艺品，实现了珍贵藏品的数字化，并在互联网上公开共享。这一举措不仅让日本的文化遗产得到了更好的保护和传承，也让全世界的观众有机会欣赏到日本独特的文化魅力。

欧盟的Europeana作为一个跨国数字文化平台，汇聚了来自欧洲各国图书馆、档案馆和博物馆的数字资源，为公众提供了丰富多样的文化内容。通过Europeana，观众可以轻松地跨越国界和语言障碍，探索欧洲丰富的文化遗产和历史底蕴。

这些系统通过数字化手段打破了传统文化机构的界限和壁垒，实现了文化资源的共享和整合，让文化真正成为人民共享的精神财富。观众不仅能够更加方便地获取跨机构的文化资源，也促进了不同文化机构之间的合作与交流。这些系统的背后，是国外博物馆对数字化、网络化、智能化技术的深入应用和创新。他们充分利用大数据、云计算、人工智能等先进技术，对文物进行数字化采集、处理和展示，让观众能够以更加生动、直观的方式感受到文化的魅力。通过三维扫描技术，将文物转化为高精度的数字模型，观众可以在虚拟环境中近距离观察文物的细节和纹理；通过虚拟现实技术，观众可以身临其境地体验历史事件和场景，增强文化的沉浸感和互动性；通过人工智能技术对文物进行智能分类、识别和分析，可以为观众提供更加个性化、精准的文化服务。

在整合资源的同时，国外博物馆还非常注重保护文物的原创性和完整性，严格遵守相关法律法规和伦理规范，确保数字化过程中的信息准确无误，不损害文物的原始价值和意义。通过建立完善的数字化工作流程和质量控制体系，确保数字化成果的质量和可靠性，为文化的传承和发展提供了有力的支撑。国外博物馆还积极推动与教育机构、科研机构、社区等多元主体的合作与交流，通过举办展览、讲座、教育活动等多种形式，将博物馆的资源融入人们的生活中，让更多的人了解到文化的价值和意义。例如，他们与学校合作开展校外教育活动，让学生走进博物馆，亲身体验文化的魅力；他们与科研机构合作开展文物研究和保护工作，为文化的传承和发展提供科学依据和技术支持；他们与社区合作开展文化活动和公益项目，让文化成为社区发展的重要元素和动力。

国外博物馆在数据共享与整合方面的成功经验和做法为我们提供了宝贵的启示和借鉴，我们可以学习他们跳出时间和空间局限性的理念与实践，实现博物馆及其相关行业、部门的数据整合和共享；借鉴他们利用数字化、网络化、智能化技术推动博物馆发展的创新思路和方法；学习他们注重保护文物的原创性和完整性，确保数字化过程中信息准确无误的严谨态度和责任精神。

在未来的发展中，我们应该积极推动我国博物馆行业的数字化、网络化、智能化发展，加强博物馆之间的合作与交流，共同推动文化资源的共享和整合；加大数字化技术的应用和创新力度，提高博物馆的服务水平和质量；加强与教育机构、科研机构、社区等多元主体的合作与交流，扩大博物馆的影响力和覆盖面，让更多的人享受到文化的盛宴。

第二，文化与技术的融合实现博物馆的"拓展化"。

曾经，那些尘封在历史长河中的瑰宝，只能静静地躺在展柜里，等待着有缘人的目光；而如今，文化与技术的深度交融给博物馆展示内容与展现形式带来了前所未有的多元化与立体化，使得博物馆的边界得以极大拓展，超越了传统时空的束缚与限制。这种"拓展化"的浪潮，不仅让博物馆的展示变得更加生动、全面，而且让那些因空间限制而无法在有限的陈列大厅中展露真容的文物，借助新技术的神奇力量，得以全方位、多角度地呈现在公众面前。

作为推动博物馆"拓展化"进程中的一股重要力量——新媒体技术，在博物馆领域的运用日益广泛，影响也日益深远。互动展示触摸技术、网络技术等新媒体技术层出不穷，为博物馆的展示方式带来了革命性的变化。这些技术不仅极大地提升了观众的参观体验，还让博物馆的藏品以更加生动、直观的方式呈现给世人，为博物馆的"拓展化"之路铺设了坚实的基石。

以谷歌艺术项目为例，该项目将科技与艺术完美地融合在一起，为博物馆的"拓展化"探索提供了全新的思路和方向。谷歌艺术项目通过建立覆盖馆藏的网络数据库和Wi-Fi系统，巧妙地打破了传统博物馆的时空界限。如今，用户只需轻轻点击手机或平板，就能轻松实现对馆藏艺术品高精度的"画廊浏览"。这种浏览方式不仅让观众能够随时随地欣赏到博物馆的珍藏，还能通过放大功能，细致入微地观察艺术品的每一个细节，感受其独特的魅力和韵味。除了指尖上的"博物馆"，谷歌艺术项目还提供了360°全方位观看博物馆实景和馆藏的功能。这意味着，观众甚至无须离开温暖舒适的家，就能躺在沙发上，仿佛身临其境般漫步在博物馆的各个展厅之中。他们可以随意穿梭于历史的长廊，近距离欣赏那些曾经只存在于书本上的珍贵文物；他们可以漫步在艺术的殿堂，感受那些大师级作品的独特魅力和深邃内涵。这种前所未有的观展体验，不仅极大地拓宽了观众的视野和认知范围，也让博物馆的藏品得以以更加生动、立体的方式呈现给全球观众，让世界各地的艺术爱好者都能共享这份文化的盛宴。

谷歌艺术项目的成功推出和广泛传播，吸引了众多世界顶级博物馆和美术馆的积极加入。美国纽约大都会艺术博物馆、法国凡尔赛宫、荷兰阿姆斯特丹凡·高博物馆等17家世界顶级博物馆和美术馆纷纷携手这一项目，共同打造了一个跨越国界、连接全球的在线艺术殿堂。这些博物馆的加入，不仅极大地丰富了谷歌艺术项目的藏品内容和种类，也提升了其国际影响力和知名度，让更多的人能够了解和欣赏到世界各地的艺术瑰宝。

国外许多博物馆认识到只有紧跟时代的步伐，不断尝试新的展示方式和手段，才能更好地履行博物馆传承历史文化、普及科学知识的神圣使命。除了谷歌艺术项目外，他们还积极探索新媒体技术在展示中的运用和创新，并纷纷投身于新媒体技术的海洋中，寻找那些能够与自身藏品和特色相契合的展示方式。虚拟现实（VR）技术、增强现实（AR）技术是新媒体技术中运用最为广泛的。

通过VR技术，观众可以身临其境地体验到历史事件的发生和发展过程，仿佛穿越时空的旅者，亲眼见证那些改变世界的重要时刻。他们可以走进远古文明的遗址，感受那些古老文明的独特魅力和智慧结晶；他们可以参与到历史战役中，亲身体验战争的残酷和英勇无畏。这种身临其境的观展体验，不仅能让观众更加深入地了解和认识历史，也激发了他们对历史的兴趣和热爱。

增强现实（AR）技术则是一种将数字信息与实物展品相结合的展示方式。通过AR技术，观众可以在欣赏实物展品的同时，看到与之相关的数字信息和互动元素。这种融合式的展示方式不仅丰富了观众的观展体验，也让他们更加全面地了解了展品的历史背景、文化内涵和制作工艺等信息。比如，在欣赏一幅古代绘画作品时，观众可以通过AR技术看到画作的创作过程、作者的生平事迹以及画作在历史上的影响和评价等方面的信息。这种全方位的展示方式不仅让观众更加深入地了解了展品本身，也拓宽了他们的知识视野和认知范围。

此外，还有一些博物馆利用新媒体技术打造了沉浸式的展览空间。他们通过"声光电"等多种元素的有机结合和巧妙运用，营造出一种身临其境的展览氛围。观众在进入这种沉浸式展览空间后，仿佛置身于一个全新的世界中，可以全方位地感受到展品的魅力和内涵。这种沉浸式的展览方式不仅让观众更加深入地了解了展品本身，也激发了他们的想象力和创造力。

文化与技术的深度融合为博物馆的展示内容和展现形式带来了极大的拓展和创新空间。新媒体技术的运用不仅让博物馆的藏品得以以更加生动、直观的方式呈现给世人，也让观众在欣赏展品的同时，能够更加深入地了解和认识其背后的历史背景、文化内涵和制作工艺等方面的信息。这种全方位的展示方式和观展体验，不仅极大地提升了观众的参观兴趣和热情，也让博物馆能够更好地履行其传承历史文化、普及科学知识的神圣使命。

第三，数字化采集实现了博物馆文物的"永久化"保存。

在科技日新月异的今天，数字化技术正以前所未有的速度改变着我们的生活方式，也深刻地影响着博物馆文物的保存与传播路径。早在20世纪，欧美地区以及亚洲的日本，就以其敏锐的洞察力，捕捉到了这一时代的发展趋势，率先掀起了文物数字化典藏的浪潮。

数字化典藏，这一概念听起来或许有些抽象，但实则简明易懂。它指的是通过先进的数字化采集技术，将文物所蕴含的各种信息以数字的形式永久地保存下来。这些信息不仅包括文物的基本属性，如图像、尺寸、材质等，还涵盖了文物的历史背景、文化内涵等深层次内容。这样一来，无论是可移动的瓷器、书画、雕塑等艺术品，还是不可移动的古建筑、石刻、壁画等文化遗产，都能通过数字化技术，跨越时空的限制，以数字的形式永存于世。想象一下，那些历经沧桑、承载着厚重历史与文化底蕴的文物，通过数字化技术的处理，它们的每一个细节、每一道痕迹都被精准地记录下来，转化为一串串数字代码。这些数字代码，就像文物的"永恒印记"，无论岁月如何流转，都能被完整地保存下来，为后人所传承和研究。

在这一领域，史密斯学会无疑是先行者中的佼佼者。早在1989年，他们就开始运用信息技术手段，着手收集数字藏品。他们深刻地认识到，文物不仅是物质的存在，还是历史的见证、文化的传承。因此，他们在数字化采集的过程中，不仅注重文物外观的准确还原，而且致力于挖掘和整理文物背后的历史故事和文化内涵。史密斯学会的数字藏品采集工作，可谓是一项庞大而细致的工程。他们利用高精度的扫描设备，对文物进行全方位的拍摄和记录，确保每一个细节都不会被遗漏。同时，他们还组织了一支专业的团队，对文物的历史背景、制作工艺、文化内涵等进行深入的研究和整理。这些信息与文物的数字图像一起，被录入数据库中，形成了完整的数字藏品档案。这些数字藏品随后在万维网上发布，形成了实时更新的在线档案库，供全球观众随时查阅和使用。如今，只要你打开史密斯学会的官方网站,就能轻松访问这个庞大的数字藏品库。无论是古代文明的瑰宝,还是现代艺术的杰作,都能在这个数字平台上找到它们的身影。这个数字平台的出现,无疑为观众提供了极大的便利。

在过去,想要欣赏和研究某件文物,往往需要亲自前往博物馆,这会受到时间和空间的限制。而现在,只需轻轻点击鼠标,就能快速查询到世界各地的文物信息。无论是在家中、办公室,还是在旅途中,都能随时随地欣赏到文物的美丽和魅力。对于文物研究者和爱好者来说,这个数字平台更是一个宝贵的资源,他们可以在这里找到大量关于文物的详细信息和研究成果,为自己的研究提供有力的支持。同时,这个平台也为他们提供了一个思维碰撞的舞台①。来自世界各地的学者、专家、爱好者们,可以就某一文物展开深入的讨论和交流,分享自己的见解和发现,共同探讨文物的历史价值、艺术魅力和文化内涵。这种跨地域、跨文化的交流方式,不仅有助于深挖文物的价值,还能提升文物的社会影响力和文化的传播力。

在过去,文物的传播往往受到地域和语言的限制,很难让更多的人了解和欣赏。而现在,通过数字平台,文物可以跨越国界和语言障碍,走向世界各地。不同文化背景的人们,可以在这里找到共同的语言和兴趣点,共同欣赏和研究文物,促进文化的交流和融合。

除了为观众和研究者提供便利外,数字化采集技术的运用还为博物馆的展示方式带来了革新。

传统的博物馆展示,往往受到空间、时间等因素的限制,无法全面展示文物的魅力和内涵。例如,一些大型文物或不可移动文物,很难在博物馆内完整展示;而一些珍贵或脆弱的文物,又因为保护的需要,不能长时间或频繁地展出,而数字化展示则打破了这些限制。通过虚拟现

---

① 《美国史密森学会在线发布约 280 万件藏品影像》,https://finance.eastmoney.com/a2/202002281401300622.html.

实（VR）技术，博物馆可以重现古代文明的辉煌场景，让观众身临其境地感受到历史的厚重和文化的魅力。无论是古埃及的金字塔、古罗马的竞技场，都能通过虚拟现实技术得以生动呈现。观众可以在虚拟的环境中自由穿梭，近距离欣赏文物的细节和特色，感受历史的氛围和文化的底蕴。

增强现实（AR）技术则为观众提供了与文物互动体验的可能性。通过增强现实（AR）技术，观众可以将数字信息与实物展品相结合，获得更加丰富和立体的观展体验。例如，在欣赏一幅古代绘画作品时，观众可以通过手机或平板电脑等设备，看到画作中的场景和人物"活"起来，仿佛置身于画作的世界中。这种互动体验不仅让观众更加深入地了解到文物的魅力和价值，也增强了他们对文化的兴趣和热爱。数字化展示还具有灵活性和可更新性的优势。传统的博物馆展示一旦布置完成，往往很难进行大的改动或更新，而数字化展示则可以根据需要随时进行调整和更新。无论是添加新的文物信息、更换展示主题，还是改进展示效果，都能通过数字化技术轻松实现。这使得博物馆的展示更加与时俱进，能够更好地满足观众的需求和期望。

第四，人、物、数据三者互通，实现博物馆的"智慧化"。

在数字化、网络化、智能化的浪潮汹涌澎湃之际，博物馆正经历着一场前所未有的深刻变革。曾经，人工管理模式是博物馆运营的主流，但如今，它正逐渐淡出历史舞台，取而代之的是智能模式。智能模式以其高效、便捷、实时的显著特点，成为博物馆管理的新宠儿。这一转型并非一蹴而就，而是得益于云计算、物联网、大数据、增强现实（AR）、虚拟现实（VR）、5G、区块链等一系列前沿技术的强有力支撑。这些技术如同魔法一般，使得博物馆中的人、物、数据三者之间实现了前所未有的信息交互与深度融合。

云计算作为信息处理的核心平台，为博物馆提供了前所未有的数据存储和计算能力。在博物馆的日常运营中，无论是文物的详细信息、参观者的行为轨迹,还是博物馆的各项运营数据,都可以实时上传至云端。云端就像一个巨大的数据仓库,能够高效地存储这些海量数据,并通过强大的计算能力进行快速处理和分析,这使得博物馆的管理人员能够随时随地获取到所需的信息,为决策提供了有力的数据支持。

物联网技术的引入,则让博物馆内的每一件文物、每一个设备都仿佛被赋予了生命。它们通过传感器与网络紧密相连,实时传输着各自的状态信息。比如,文物的温湿度、光照强度等环境参数,以及设备的运行状态、故障预警等信息,都可以实时反馈给管理人员。这不仅给博物馆的管理和维护提供了极大便利,也确保了文物在最佳的环境中得到妥善保存。

大数据技术的应用,更是让博物馆变得更加"智慧"。通过对海量数据的深入挖掘和分析,博物馆能够揭示出数据背后隐藏的价值。参观者的行为数据,如他们在哪个展区停留时间最长、对哪些文物表现出浓厚的兴趣等,都是宝贵的信息资源。通过对这些数据的分析,博物馆可以更加准确地了解观众的兴趣和偏好,从而有针对性地优化展览布局,提升服务质量。同时,大数据还可以帮助博物馆预测参观人流的高峰时段和低谷时段,合理规划活动安排,确保博物馆的运营更加高效有序。

AR技术的引入,则为博物馆的展示方式带来了革命性的变化。参观者不再只是被动地接受信息,而是可以通过AR设备,如智能手机或AR眼镜,与文物进行互动。他们可以看到文物的三维模型,了解其历史背景、制作工艺等丰富信息。这种沉浸式的体验方式,让参观者仿佛穿越时空,与文物进行了一次亲密接触。这种新颖、有趣的展示方式,极大地提升了参观者的兴趣和参与度,也让他们对文物的历史和文化有了更深的理解和认识。

5G技术的快速发展,为博物馆的智慧化建设提供了更加坚实的网络基础。5G网络的高速、稳定特性,使得大数据的实时传输成为可能。无论是文物信息的更新、参观者行为数据的上传,还是AR应用的流畅运行，都离不开5G技术的强大支撑。在5G网络的助力下，博物馆的智慧化建设如虎添翼，各项应用和服务都能够更加高效、稳定运行。

区块链技术的应用，则为博物馆的文物溯源、版权保护等问题提供了有效的解决方案。区块链技术具有去中心化、不可篡改的特点，能够为每一件文物建立唯一的数字身份标识。通过这个标识，可以追溯文物的来源、流转经历等信息，确保文物的真实性和合法性。同时，区块链技术还可以为博物馆的版权保护提供有力支持。博物馆可以将自己的数字资产（如文物图片、视频等）上区块链，确保其版权不被侵犯。

在国外，博物馆的智慧化建设已经取得了显著成效。许多博物馆都紧跟时代潮流，设立了相关技术职位，以推动博物馆的智慧化转型。首席数字官就是其中一个重要的职位，他们负责博物馆的整体数字化战略和规划，制定数字化发展的目标和方向。网络、新媒体及拓展业务主管则负责博物馆在网络和新媒体平台的宣传与推广工作，他们通过各种渠道和平台，将博物馆的文化和历史传播给更广泛的人群。数字化介入及技术副主任则负责博物馆的数字化技术应用和创新工作，他们不断探索新的技术和应用，为博物馆的智慧化建设提供源源不断的动力。

这些技术职位的设立，不仅体现了博物馆对智慧化建设的高度重视，也为博物馆的智慧化转型提供了有力的人才保障。在这些专业人士的共同努力下，博物馆的业务流程得到了优化，管理变得更加便捷高效。他们通过数字化技术的应用，实现了文物信息的快速查询和更新，提高了工作效率。同时，他们还通过大数据分析和挖掘，为博物馆的决策提供了有力的数据支持。在服务方面，博物馆也变得更加贴心周到。他们通过AR技术等新颖有趣的展示方式，提升了参观者的体验感和参与度。同时，他们还通过智能化导览系统、在线预约等服务方式，为参观者提供了更加便捷、高效的服务。

第五，文物数据资源复制实现博物馆的"孪生化"。

"孪生化"概念在博物馆领域的应用，无疑是一次颇具前瞻性和革命性的尝试。这一概念的源头，可以追溯到2002年由美国密歇根大学的迈克尔·格里弗斯（Michael Grieves）教授提出的信息镜像模型。其核心思想是通过数字化手段，创建物理世界的虚拟映像，实现信息的全面、实时、精准映射，从而为人们提供一个全新的视角和方式来理解和把握现实世界。

随着3D技术的飞速发展，"孪生化"在博物馆文物领域找到了广阔的应用空间。传统的文物保存和展示方式往往受到诸多限制，如空间、时间、环境等因素，使得文物的价值难以得到充分的发挥和展现，而"数字孪生"技术的出现，为文物的保护和展示开辟了一条全新的道路。所谓文物"数字孪生"，即通过精准的文物信息采集技术，如高精度扫描、摄影测量等手段，全面、细致地获取文物的尺寸、材质、纹理等详细信息。这些信息是构建数字模型的基础，也是实现文物"孪生化"的关键。在获取了这些信息之后，运用先进的3D软件进行原型复制，构建出与实物几乎一模一样的数字模型。这个数字模型不仅在外观上与实物高度相似，而且在细节和质感上也达到了惊人的还原程度。

文物"数字孪生"的过程，实际上是一个对文物进行全面信息采集和数字化重建的过程。这一过程不仅实现了对文物信息的全面、准确记录，还为文物的数字化保存、展示与研究提供了无限可能。传统的文物保存方式往往受到环境、温度、湿度等因素的限制，而数字模型则不受这些因素的影响，可以长期保存，而且不会因时间的流逝而褪色或损坏。同时，数字模型还可以方便地进行复制和传播，使得更多的人能够欣赏到文物的魅力。

在文物"数字孪生"的基础上，国外许多博物馆还进一步创建了文物数据库，搭建文物数据系统平台。这一平台，如同一个巨大的数字仓库，存储着所有文物的数字信息。这些信息包括但不限于文物的名称、年代、材质、尺寸、来源、历史背景等，为文物的多领域、跨地域、全方位运用提供了坚实的基础。

对于学术研究而言，文物数据库是一个宝贵的资源库。学者们可以通过这个平台，轻松获取所需的文物数字资源，进行深入研究和分析。无论是历史学的考据，还是艺术学的鉴赏，都可以在这个平台上找到丰富的素材和依据。同时，文物数据库还可以为跨学科的研究提供支持，如考古学、人类学、社会学等，都可以通过文物数字资源来拓宽研究视野和深化研究内容。

对于教育普及而言，文物数据库同样具有重要意义。通过这个平台，学生们可以更加直观地了解文物的历史和文化内涵，从而增强对传统文化的认同感和自豪感。教师们也可以利用文物数字资源进行辅助教学，使得课堂更加生动有趣，提高学生的学习兴趣和积极性。此外，文物数据库还可以为公众提供文化普及服务，让更多的人了解文物的价值和意义，促进文化的传承和发展。

在文化交流方面，文物"数字孪生"技术也发挥着举足轻重的作用。对于那些"在外出差"的文物，通过"数字孪生"技术，可以实现文物的"虚拟回归"。以海外藏中国戏曲与民俗文物为例，这些文物虽然身在海外，但通过"数字孪生"技术，可以创建出它们的数字模型，并在国内进行展示与传播。这样一来，不仅让国内观众能够近距离欣赏到这些珍贵的文物，还让中国的戏曲文化与民俗风情得以跨越时空，走向世界舞台。这种"虚拟回归"的方式，不仅弥补了实物无法回归的遗憾，也为文化的交流和传播提供了新的可能和途径。

文物"数字孪生"技术的应用，对于文物的保护与修复具有重要意义。文物作为历史遗物，经历了岁月的洗礼和风雨的侵蚀，往往存在着不同程度的损毁和老化。然而，通过数字模型，我们可以对文物进行虚拟修复与模拟展示，为实物的保护与修复提供科学依据和参考方案。在虚拟环境中，我们可以尝试不同的修复方法和材料，评估其效果和可行性，从而为实物的修复提供最佳方案。同时，数字模型还可以作为文物的"数字备份"，在实物遭受损毁或丢失时，为我们留下宝贵的文化遗产记录。这种"数字备份"的方式，不仅保障了文物的安全，也为文化的传承和发展提供了有力的支撑。

文物"数字孪生"技术还为博物馆的展览展示带来了革新。传统的展览方式往往受到空间、时间等限制，无法全面展示文物的魅力；而数字孪生技术则打破了这些限制，能够以更加生动、直观的方式呈现文物。通过虚拟现实技术，观众可以身临其境地感受文物的历史韵味和文化氛围。他们可以在虚拟环境中自由漫步，近距离观察文物的细节和质感，感受其背后的历史故事和文化内涵。这种沉浸式的体验方式，不仅增强了观众的参与感和互动性，而且让他们对文物有了更加深入和全面的了解。同时，增强现实（AR）技术也为文物的展示提供了新的可能。增强现实（AR）技术，可以将文物与观众的现实环境相结合，创造出一种虚实交融的展示效果。观众可以通过手机或平板电脑等设备，观看到文物在现实环境中的虚拟呈现，并与之进行互动体验。这种创新的展示方式，不仅让观众在欣赏文物的同时感受到了科技的魅力，还激发了他们对文化的兴趣和热爱。

文物"数字孪生"技术的应用为博物馆的传承与发展注入了新的活力，它不仅实现了对文物的全面信息采集和数字化重建，为文物的保护、展示与研究提供了无限可能，还为学术研究、教育普及、文化交流等领域提供了宝贵的资源和支持，更为博物馆的展览展示带来了革新和突破。

二、国内研究现状

近二十年来，在政府主管部门精心组织、各博物馆自主运作下，国内博物馆在数字化与智慧化建设的征途上迈出了坚实而有力的步伐，全国范围内持续开展了规模宏大且深入的数字化、智慧化建设工作。这项长期且系统的工程，不仅极大地提升了博物馆的管理和服务水平，而且为构建全社会的公共数字文化体系奠定了坚实而稳固的基础。

2015年，国家文物局精心选择了苏州博物馆、广东博物馆以及金沙遗址博物馆等几家具有代表性的博物馆进行试点建设，以此来探索博物馆数字化、智慧化的新路径和新模式。这些试点项目不仅为后续的博物馆数字化建设提供了宝贵的经验和启示，还推动了整个行业的技术进步和创新发展，使得博物馆的数字化、智慧化进程如虎添翼。

迄今为止，博物馆文化数字资源的保护与利用已经取得比较可观的成果。这些成果主要集中在几个关键领域：高新技术在文物保护中的应用研究、文物数字资源的版权保护研究、文物数字化资源运用研究、文物数字化展示研究、馆藏数字服务的提升策略研究，以及文物数字资源的组织、存储、共享研究等。其中，前两个方面主要关注文物数字化保护的技术手段和法律保障，而后四个方面则侧重于文物数字资源的有效利用和服务水平的提升。

高新技术在文物保护中的应用研究方面，技术更新迭代起到了至关重要的作用。最初，数字媒介技术被广泛应用于文物的拍摄采集，通过影像设备运用光影技术，将文物及其档案史料进行数字化保护和保存。从二维图片到三维模型，从静态照片到动态视频，再到数字动画和立体电影，文物的数字化形式越来越丰富多样，为文物的保护和研究提供了更加全面、准确的信息。当前，数字测绘技术、图像修复技术、建模技术等新兴技术逐渐应用于博物馆文物保护领域。

数字测绘技术能够精确测量文物的尺寸和形状，为文物的复制和修复提供准确的数据支持；图像修复技术则能够修复因年代久远而破损的文物图像，还原文物的原貌；建模技术能够创建文物的三维模型，为文物的虚拟展示和交互体验提供可能。

此外，虚拟现实（VR）技术和增强现实（AR）技术的出现，为博物馆文物的保护和利用带来了革命性的变化。通过VR技术，观众可以身临其境地感受文物的历史环境和文化背景；而AR技术则能够将数字信息与实物文物相结合，为观众提供更加丰富、多元的观展体验。

国内博物馆紧跟技术发展的步伐，从技术应用的角度出发，以博物馆文物保护为案例，进行了深入的应用研究。这些研究不仅推动了博物馆数字化、智慧化建设的进程，也为文物的保护和利用提供了新的思路和方法。

《故宫院藏文物的三维数据采集与应用》一文就摸索出了故宫文物的三维数据采集、加工与应用的模式，详细介绍了故宫文物三维采集的需求和采集过程，以及文物数字资源的利用方式。该研究为故宫文物的数字化保护提供了有力的技术支撑，也为其他博物馆的文物数字化工作提供了宝贵的经验和借鉴。

《张家界市博物馆明代铜佛像的多视角影像三维重建探索》从文物三维采集技术的视角对张家界市博物馆的铜佛像采集工艺进行了深入介绍。该研究通过数据论证了多视角影像三维重建技术的适用性、精准性和经济性，为文物三维采集技术的推广和应用提供了有力的依据。三维采集技术的应用，不仅提高了文物三维采集的效率和质量，也为文物的虚拟展示和交互体验提供了更加丰富的素材和资源。

《5G技术在博物馆领域的应用初探——以中国（海南）南海博物馆为例》介绍了"5G+AR"在博物馆文物修复上的运用。这是全国远程指导文物修复的首创案例，为文物修复工作带来了新的突破和创新。通过5G技术的高速传输和AR技术的增强现实效果，专家可以远程指导文物修复工作，大大提高了文物修复的效率和准确性。"5G+AR"不仅为文物修复工作提供了新的技术手段和方法，也为博物馆的数字化、智慧化建设提供了新的思路和方向。

随着文物采集工作的持续进行，形成了一定规模的文物数字资源。对于这些文物数字资源的归属和利用问题，文博界出现了两种不同的呼声。一种呼声认为，文物是立馆之本，文物数字资源的知识产权和版权应该归博物馆所有。因此，文物数字资源不应该无条件地对外共享，任何使用馆内文物数字资源的行为都应该履行既定的使用申请审批流程。这一观点强调了文物数字资源的专属性和保护性，目的是确保文物数字资源的合法权益和有效利用。而另一种呼声则认为，博物馆应该最大限度地发挥文物的社会价值，而不应该将其束之高阁。因此，文物数字资源应该对外免费开放，让更多的受众有机会接触到可供观赏和研究的文物，并能快捷地获取文物信息。这一观点强调了文物数字资源的开放性和共享性，聚焦文物信息的广泛传播和深入交流。

针对这一问题，学术界也展开了深入的探讨和研究。学者们从法律法规等角度对文物数字资源的版权保护提出了自己的看法和建议，以期找到平衡点，更好地回应社会需求。

《关于博物馆数字文化资源开放机制建设的讨论》一文就从加强制度建设、强化平台建设、建立协同机制、用好市场化手段、打破知识产权壁垒等方面提出了推动博物馆数字文化资源开放的制度化和常态化的建议。这些建议为博物馆数字文化资源的开放和利用提供了有力的政策支持和保障。

《文物藏品资源信息的著作权研究》一文则提出了博物馆著作权行使的扩张和限制问题。该文针对面向公众开放文物信息时可能涉及的著作权问题进行了深入探讨和分析，并针对不同的文物信息和使用场景提出了相应的建议和对策，为博物馆在开放文物信息时如何保护著作权提供了有益的参考和借鉴。

对于博物馆自身来说，文物数字化也带来了管理上的数字化变革。以往的传统管理模式已经不再适应新时代博物馆发展的需要。面对大量的文物数字资源，如何进行有效管理和利用成为博物馆亟待解决的问题。因此，以"数字博物馆""博物馆大数据运用""藏品数字化管理""智慧博物馆"等为关键词的研究成为近几年的热门话题。

《江西南昌海昏侯遗址数字文化平台共建构想》一文就立足自身阅读文献、观看发掘、鉴赏文物、学术研究的实际需要，提出了建设集多种功能于一体的多媒体数字资源服务平台的构想。该文详细介绍了平台建构的具体做法和推广策略，为博物馆数字化建设提供了宝贵的经验和参考。该平台的建设不仅为海昏侯遗址的数字化保护和管理提供了有力支撑，也为其他博物馆的数字化建设提供了新的思路和方向。

《基于大数据与微服务的博物馆智慧服务研究》一文从大数据和微服务打造智慧服务新场景的角度出发，为博物馆智慧服务的可持续发展提出了对策和建议。该文指出，大数据和微服务技术的应用可以为博物馆提供更加精准、个性化的服务，提高观众的观展体验和满意度。同时，还强调了博物馆在智慧服务过程中应注重数据安全和隐私保护问题，确保观众的合法权益不受侵犯。

在博物馆对外的形象塑造方面，也随着数字化、智慧化进程的推进而变得更加具有科技感。借助智慧展示终端设备，博物馆开始运用文物数字资源设计数字展陈，实现了文物的活态化呈现。这些数字展陈不仅让文物以更加生动、有趣的方式呈现在观众眼前，也让晦涩难懂的文物信息以鲜活有趣的方式讲述出来，更好地展现了文物的价值和魅力。

《文物建筑活化利用的探索——以培田古建筑群为例》一文就以培田古建筑群为例，探索了文物建筑活化利用的做法和经验。该文通过介绍培田古建筑群的数字化保护和利用情况，展示了数字化技术在文物建筑活化利用中的巨大潜力和广阔前景。

《活化馆藏文物资源，讲好民族团结故事——以张家川回族自治县博物馆为例》一文以甘肃省天水市张家川回族自治县博物馆为例，探讨了如何活化馆藏文物资源、讲好民族团结故事的问题。该文通过介绍博物馆在数字化、智慧化建设方面的做法和成效，展示了数字化技术在传承民族文化、促进民族团结方面的积极作用和重要意义。

随着数字化、智慧化进程的深入推进，文物逐渐进入寻常百姓家。面对不同的受众群体，博物馆开始积极打造IP形象，各种文创产品如雨后春笋般涌现在人们的视野中。这些文创产品不仅以其独特的设计理念和创意吸引了观众的眼球，也以实用的功能和贴近生活的特点赢得了观众的喜爱。博物馆开始思考如何以更加数字化、智慧化的服务提高社会服务效能，以更加新颖、独特的姿态融入人们的生产生活中去。

对此，以"数字服务提升""博物馆社会服务""智慧服务""文物教育"为关键词的研究逐渐展开。这些研究不仅探讨了博物馆如何运用数字化、智慧化技术提高服务质量和效率的问题，也关注了博物馆如何更好地履行社会责任、传承和弘扬优秀传统文化的使命。文物作为串联历史脉络的有效线索，通过数字化采集后，在计算机世界中成为一个个有效的数据元素。这些数据元素通过数据标识等操作，建立起文物与文物之间的关联，并形成知识图谱。如何对文物数据进行有效组织和存储？如何设计知识图谱？成为文物研究和价值挖掘深层次的研究内容。

目前，国内许多博物馆都在进行相关的尝试和探索。它们以某个主题为线索，编织逻辑网，将相关的文物数据串联起来，以拼图的方式填补历史空白，还原历史真相。这种尝试和探索不仅为文物的深入研究和价值挖掘提供了新的思路和方法，也为博物馆的数字化、智慧化建设提供了新的动力和支持。

第四节　文物概念界定

"文物"一词，其渊源可追溯至《左传》，但在当时，"文物"的含义并非如今考古学与文物学领域所指的文物。历经时光的洗礼，直至唐代，文物的概念才逐渐趋近于我们现今的理解。实际上，文物的概念在历史的长河中不断演变，其涵盖的范围也随着时代的变迁而有所不同。

在我国，文物的分类主要遵循时代分类法与质地分类法两大原则。时代分类法，顾名思义，是依据文物产生的时间轴进行划分的。具体而言，1840年之前的遗物被归为古代文物，1919年之前的则为近代文物，

1949年之前的为现代文物，而1949年之后的则属于当代文物。这一分类方法，有助于我们清晰地把握文物的历史脉络。

现行的《中华人民共和国文物保护法》中，文物的范畴既涵盖可移动的实物，如器具、书画等，也包括不可移动的文化遗产，如古建筑、遗址等。

在本书的语境下，我们所讨论的文物，特指那些被博物馆珍藏的宝贵遗产，以及那些获得国家认定的文物遗址。这些文物不仅承载着丰富的历史文化信息，也是中华民族悠久历史的见证者。它们的保护与传承，对于我们理解过去、启迪未来，具有不可估量的价值。

第五节　研究内容与方法

一、研究内容

本书重点探讨国内外博物馆文化数字资源开发与利用的现状，以及存在的问题和对策，从内容来看，共分为五章。第一章为文物数字资源开发与利用背景概述，主要论述了开发与利用的重要意义、相关政策、国内外研究现状以及对本书涉及的文物的概念进行界定，明确研究范围。第二章为文化资源数字化建设前沿技术详解，详细介绍了当前文博行业数字化转型过程中常运用到的物联网、大数据、云计算、虚拟现实技术、全息技术、增强现实技术、智能中控技术、室内定位技术、三维展示技术九大技术及其在博物馆中的实际运用。第三章为文化数字资源开发利用实践案例分析，分析了国内和国外部分代表性博物馆的数字资源开发利用现状。第四章为博物馆文化数字资源开发利用中出现的问题及思考，结合第三章的案例分析，对文化数字开发和利用过程中出现的问题进行梳理，并提出思考和对策。第五章为结论，对本研究成果进行概述，以期为博物馆行业提供参考和借鉴。

二、研究方法

本书在研究中应用了如下研究方法：

文献分析法：搜集文物保护利用的相关文献资料进行梳理、研读。

个案研究法：选取国内外典型案例进行分析，通过文献学习、实地走访、技术交流会以及文博展览会等进行深度调研。

经验总结法：通过分析博物馆文化数字资源开发与利用相关案例的实践情况，梳理其中的优劣，找出其中的共性与个性，针对问题进行梳理并提出对策，对好的做法进行归纳，形成文物数字资源开发与利用的经验总结和实践路径，以期对博物馆后续文物活化利用提供参考借鉴。

第二章　文化资源数字化建设
前沿技术详解

　　当前，文博行业正积极推动文化资源数字化建设，通过数字技术手段更好地传承中华优秀传统文化，由此也带来了博物馆管理与服务模式的深刻变革。

　　在这一转型过程中，前沿高新数字技术与文化的融合愈发深入，其中物联网、大数据、云计算、虚拟现实技术、全息技术、增强现实技术、智能中控技术、室内定位技术以及三维展示技术扮演着至关重要的角色。这些技术的应用，不仅增强了观众的体验感，也提升了博物馆的教育功能和文化传播能力。

　　本章将逐一介绍以上高新数字技术手段以及其在文博行业中的运用。

第一节　物联网技术
——把"你"网在网中央

一、物联网技术概述

物联网，英文名为"the Internent of Things"（IOT），是物与物、人与物之间的信息传递与控制的一种先进技术体系。它具有普通对象设备化、自治终端互联化和普适服务智能化三个重要特征，为现代社会的信息化、智能化发展提供了强大的支撑。

"物联网"的概念最初由美国麻省理工学院的凯文·阿什顿（Kevin Ashton）和他的同事在1999年建立的自动识别中心提出。他们主张将射频识别技术（Radio Frequency Identification，RFID）和互联网结合起来，为每个产品建立全球唯一的标识——产品电子代码（Electronic Product Code，EPC）。通过射频识别技术，可以实现对产品的非接触式自动识别，然后通过互联网实现产品信息在全球范围内的识别和管理，从而形成物联网。这一理念的提出，为物联网的发展奠定了坚实的基础。

2005年，国际电信联盟（International Telecommunication Union，ITU）在突尼斯举行的信息社会世界峰会（The World Summit on the Information Society，WSIS）上正式确定了"物联网"的概念，并发布了《国际电联2005年互联网报告：物联网》（*ITU Internet Reports* 2005：*The Internet of Things*）。在该报告中，"物联网"被定义为：通过将短距离的移动收发器内嵌到各种配件和日常用品中，人与人、人与物、物与物之间形成了一种新的交流方式，即在任何时间、任何地点都可以实现交互。这一定义强调了物联网的普适性和便捷性，为物联网的广泛应用提供了无限可能。

随着科技的进步和物联网技术的不断发展，其定义和范围也发生了较大拓展。2009年，IBM公司首席执行官彭明盛在"智慧的地球"理念中对物联网进行了更为深入的描述。他提出，运用新一代的IT技术，如射频识别技术、传感器技术、超级计算机技术、云计算等，将传感器嵌入或装备到全球的电网、铁路、公路、桥梁、建筑、供水系统等各种物体中，并通过互联形成物联网。而后，通过超级计算机和云计算技术，对海量的数据和信息进行分析与处理，将物联网整合起来，实施智能化的控制与管理，从而达到全球的"智慧"状态。这一理念不仅拓展了物联网的应用范围，也为物联网未来的发展指明了方向。

目前，对物联网较为常用的定义是：通过射频识别、红外感应器、全球定位系统、激光扫描器等信息传感设备，按约定的协议，将任何物品与互联网相连接，进行信息交换和通信，以实现智能化识别、定位、追踪、监控和管理的一种网络。这一定义更加全面地概括了物联网的技术特征和应用场景，为物联网的深入研究和广泛应用提供了理论支撑。

二、物联网的基本特征与体系结构

物联网的基本特征是全面感知、可靠传输和智能处理。全面感知主要是指利用射频识别、二维码、传感器等感知、捕获、测量技术，随时随地对物体进行信息采集和获取。在物联网中，各种传感器和感知设备如同人的眼睛和耳朵，能够实时地感知周围环境的变化和物体的状态，为物联网的智能化应用提供准确的数据支持。可靠传输是指通过将物体接入信息网络，依托各种通信网络，随时随地进行可靠的信息交互和共享。在物联网中，各种感知设备采集到的数据需要通过通信网络传输到数据处理中心进行分析和处理。因此，通信网络的可靠性和稳定性是物联网正常运行的重要保障。

随着通信技术的不断发展，物联网的通信网络也在不断完善和拓展，为物联网的广泛应用提供了更加可靠和高效的传输手段。智能处理是指利用各种智能计算技术，对海量的感知数据和信息进行分析和处理，实现智能化的决策和控制。在物联网中，各种感知设备采集到的数据量非常庞大，需要通过智能计算技术对这些数据进行处理和分析，提取出有用的信息和知识，为物联网的智能化应用提供决策支持。同时，智能处理还可以实现对物联网中各种设备的智能化控制和管理，提高物联网的运行效率和可靠性。

物联网的体系结构主要分为三个层次：感知层、网络层和应用层。这三个层次相互协作，共同构成了物联网的完整体系。感知层相当于人的感知层面，用于识别物体、采集信息。在感知层中，主要利用二维码标签和识读器、RFID标签和读写器、摄像头、扫描仪、GPS、传感器、传感器网络等设备实现对物体的感知和识别。这些设备能够实时采集物体的各种信息，如位置、温度、湿度、速度等，为物联网的智能化应用提供准确的数据支持。

在智慧博物馆中，感知层的应用尤为广泛。通过部署各种传感器和感知设备，可以实时采集文物保存环境的湿度、温度、二氧化碳浓度、粉尘颗粒浓度等信息，以及参观人员的数量、行为、位置等数据。这些数据为博物馆的智慧管理、智慧保护和智慧服务提供了有力的支持。

网络层是物联网的传输通道，主要借助于已有的PSTN网络、2G/3G移动网络、互联网等把感知层获取的信息快速、可靠、安全地传送到各个地方，实现远距离、全方位的通信。在网络层中，各种通信网络相互连接，形成了一个庞大的网络体系。这个网络体系能够覆盖全球，为物联网的广泛应用提供了无限可能。在智慧博物馆中，网络层的应用也非常重要。通过网络层，可以实现部门与部门之间、人与人之间、物与物之间、人与物之间的信息交流。这种信息交流不仅提高了博物馆的管理效率，也为观众提供了更加便捷、高效的参观体验。

应用层是物联网的最高层次，完成信息的汇总、计算、分析、知识挖掘等功能，它相当于物联网的控制层、决策层，提供丰富的应用项目。在应用层中，各种智能化应用相互协作，共同实现了物联网的智能化功能。这些应用包括智能控制、智能监测、智能预警、智能决策等，为物联网的广泛应用提供了强大的支持。在智慧博物馆中，应用层的应用更是丰富多彩。通过应用层，可以实现智慧管理、智慧保护和智慧服务。

三、物联网技术在博物馆数字化转型中的应用

通过物联网技术，博物馆可以实现对馆内各种资源的智能化管理。例如，可以通过传感器实时监测文物的保存环境，如温度、湿度、光照等，确保文物处于最佳保存状态；还可以通过RFID技术对文物进行追踪和管理，确保文物的安全和完整；此外，还可以通过智能化系统对博物馆的运营数据进行实时分析和处理，为博物馆的管理决策提供科学依据。

文物保护是博物馆的重要任务之一。物联网技术，可以实现对文物的智能化保护。例如，可以通过传感器实时监测文物的细微变化，如微小的裂缝、变色等，及时发现并处理潜在的风险。同时，还可以通过智能化系统对文物的保护方案进行优化和调整，确保文物的长期保存和传承。此外，还可以通过物联网技术实现对博物馆内环境的智能化控制，如温度、湿度、光照等的自动调节，为文物提供一个更加适宜的保存环境。

文化服务是智慧博物馆的重要目标之一。物联网技术，可以实现对观众的智能化服务。例如，可以通过智能化系统为观众提供个性化的参观路线和导览服务，让观众更加便捷地了解博物馆的藏品和历史。同时，还可以通过物联网技术实现对观众的行为和偏好的实时分析和处理，为博物馆的服务改进提供科学依据。此外，还可以通过物联网技术实现博

物馆与观众之间的互动和交流，增强观众的参与感和体验感。

除了管理、保护和服务外，物联网技术在博物馆中还有许多其他的应用场景。例如，可以通过物联网技术实现对博物馆内设备的智能化监控和维护，提高设备的运行效率和可靠性；还可以通过物联网技术实现对博物馆内能源的智能化管理，降低能源消耗和运营成本。此外，还可以通过物联网技术实现对博物馆内安全事件的智能化预警和处理，提高博物馆的安全性和应急响应能力。

物联网技术作为新时代的重要技术支撑，为博物馆智慧化建设和发展提供了无限可能。物联网技术，可以实现对博物馆内各种资源的智能化管理、保护和服务，提高博物馆的管理效率、保护效果和服务质量，还可以为博物馆的观众提供更加便捷、高效的参观体验，增强观众的参与感和体验感。

第二节　大数据
——将"沙"炼成"金"矿藏

大数据英文名为"Big Data"，意为一个体量特别大、数据类别特别多的数据集，并且这样的数据集无法用传统数据库工具对其内容进行获取、管理和处理。当前大数据技术深度赋能博物馆数字化转型，通过构建多源异构文化遗产数据库，结合机器学习算法与空间数据分析技术，形成智慧化决策支持系统。这种数据驱动的范式革新不仅实现了文物资源的动态化语义关联与知识图谱构建，而且在个性化导览服务、预防性保护以及藏品利用率最大化策展等各业务层面精准匹配算法，使得博物馆运营模式从经验驱动转向数据–模型双轮驱动。

一、大数据的特点

（一）体量巨大

大数据的体量通常以 TB（Terabyte）、PB（Petabyte），甚至 EB（Exabyte）为单位。随着互联网、物联网、移动设备等技术的普及，数据量呈指数级增长。例如，社交媒体平台每天产生的数据量高达数百 TB，而大型企业的交易数据、日志数据等也可能达到 PB 级别。这种规模的数据量远远超出了传统数据库的处理能力，因此，需要借助分布式存储和计算技术来管理与分析。

（二）类型繁多

大数据的类型非常多样化，不仅包括传统的结构化数据（如关系型数据库中的表格数据），还包括半结构化数据（如 XML、JSON 格式）和非结构化数据（如文本、图像、视频、音频等）。例如，博物馆的数据类型包括藏品的二维图像、三维模型、展览视频、观众留言等。这种多样性使得数据处理和分析变得更加复杂，需要采用多种技术和工具来应对。

（三）处理速度快

大数据的处理速度要求非常高，尤其是在需要实时响应的场景中。例如，博物馆为了提供个性化的观众服务，需要实时采集和分析观众的参观行为、互动数据等信息。这种实时性要求数据处理系统具备高效的计算能力和低延迟的响应能力。

（四）价值密度低

大数据的价值密度通常较低，即在海量数据中，真正有用的信息可能只占很小一部分。例如，在监控视频中，连续数小时的录像可能只有几秒钟的关键信息。因此，如何从海量数据中提取出有价值的信息，是大数据分析的核心挑战之一。这需要借助数据挖掘、机器学习等技术对数据进行深度分析。

二、大数据在博物馆中的应用

博物馆的智能化是大数据技术应用的一个典型场景。博物馆通过整合物联网、云计算、大数据、人工智能等技术，实现对博物馆藏品、观众、环境、设施等的智能化管理。大数据在博物馆中的应用优势主要体现在以下几个方面：

（一）实现跨平台多模态信息抽取

博物馆中的数据来源非常广泛，包括藏品信息、观众行为数据、环境监测数据、设施运行数据等。此外，博物馆还可能通过网络空间（如微博、博客、播客等）获取外部数据，这些数据不仅包括结构化数据（如二维数据表），还包括半结构化数据（如邮件、资源库）和非结构化数据（如藏品图像、三维模型、展览视频、观众语音留言等）。

（二）超越传统数据库的局限性

博物馆中的数据量通常非常庞大。例如，藏品的数字化信息（如图像、三维模型）可能占用大量的存储空间，观众的参观行为数据（如停留时间、互动记录）也会随着时间的推移不断积累。这些数据的总量可能达到TB甚至PB级别，远远超出了传统数据库的处理能力。

（三）实时高效的数据处理能力

博物馆需要为观众提供个性化的服务，因此，需要实时采集、处理和分析大量与观众参观行为、使用偏好、互动交流相关的数据。例如，系统可以根据观众的实时位置和兴趣，推荐相关的展览内容或互动活动，这种实时性要求数据处理系统具备高效的计算能力和低延迟的响应速度。

（四）深入挖掘数据的价值潜能

博物馆中的各类数据随着时间的推移不断增加，但这些数据并不会自动呈现出有价值的信息。例如，关于5年、6年甚至10年内的观众参观数据，表面上可能没有明显差异，但借助数据挖掘、机器学习等技术进入深入分析，可以发现观众行为的变化趋势、偏好变化等有价值的信息。

三、大数据处理的基本流程

大数据处理的基本流程包括数据采集、数据处理和集成、数据分析和数据解释。围绕这些基本步骤，一批涉及数据存储、管理、处理和分析等的关键技术不断涌现。

（一）数据采集

数据采集是大数据处理的第一步，主要任务是从各种数据源中获取数据。数据源可能包括传感器、社交媒体、交易系统、日志文件等。数据采集的方式可以是批量处理（如定期从数据库中导出数据）或实时处理（如通过传感器实时采集环境数据）。在博物馆中，数据采集涉及藏品的数字化信息、观众的参观行为数据、环境监测数据等。

（二）数据处理和集成

数据处理和集成的主要任务是对采集到的数据进行清洗、转换和整合。由于大数据通常来自多种数据源，数据的格式和质量可能存在很大差异，因此，需要对数据进行清洗，去除噪声和冗余信息；对数据进行转换，使其符合分析的要求；对数据进行整合，将来自不同数据源的数据统一存储和管理。在博物馆中，数据处理和集成涉及将藏品信息、观众行为数据、环境监测数据等进行整合，形成一个统一的数据仓库。

（三）数据分析

数据分析是大数据处理的核心环节，主要任务是从数据中提取有价值的信息。数据分析的方法包括统计分析、数据挖掘和机器学习等。统计分析主要用于描述数据的特征和规律，数据挖掘主要用于发现数据中的隐藏模式，机器学习主要用于构建预测模型。在博物馆中，数据分析涉及对观众行为数据的分析，以发现观众的参观偏好、互动模式等。

（四）数据解释

数据解释的主要任务是将分析结果转化为可理解的信息，并为决策提供支持。数据解释的方式可以是可视化（如图表、仪表盘）或文本报告。在博物馆中，数据解释涉及将观众行为分析结果转化为展览改进建议，或将环境监测数据转化为设施维护建议。

四、大数据处理的关键技术

大数据处理的关键技术围绕数据处理流程不断涌现，具体包括数据挖掘、关联规则学习、数据融合与集成、情感分析、网络分析、时间序列分析、分布式文件系统、分布式数据库、非关系数据库以及数据可视化等。

数据挖掘是从大量数据中提取有价值信息的过程，常用技术有分类、聚类、关联规则挖掘等，在博物馆中可用于分析观众的参观行为，发现观众的偏好和兴趣。

关联规则学习特别用于发现数据中变量之间的关系，如观众参观某类展品后通常会参观另一类展品。

数据融合与集成则将来自不同数据源的数据进行整合，如将藏品信息、观众行为数据、环境监测数据等整合成统一的数据仓库。

情感分析技术用于分析文本数据中的情感倾向，通过分析观众留言，了解观众对展览的满意度。

网络分析则用于分析网络结构，如观众之间的互动关系，发现观众群体的结构特征。

时间序列分析用于分析时间序列数据，如观众参观行为的时间变化规律。

分布式文件系统，如 Hadoop Distributed File System（HDFS）和 Google File System（GFS），用于存储大规模数据，特别是博物馆中的大量藏品图像、视频等非结构化数据。分布式数据库，如 Cassandra 和 MongoDB，则用于管理大规模数据，包括观众行为数据、环境监测数据等。

非关系数据库，如 MongoDB 和 Redis，则专注于管理非结构化数据，如藏品图像、三维模型等。

数据可视化技术可将数据转化为图形或图表，帮助博物馆管理者直观理解观众行为分析结果。

大数据作为一种新兴的技术和资源，正在深刻地改变着各个领域的运作方式。在博物馆领域，大数据的应用不仅提升了博物馆的管理效率，还为观众提供了更加个性化的服务。当前大数据的处理和分析也面临着诸多挑战，如数据量大、类型多样、处理速度要求高、价值密度低等。为了应对这些挑战，需要借助数据挖掘、机器学习、分布式存储和计算等关键技术，对大数据进行深度分析和挖掘，从而揭示出隐藏在数据背后的规律和价值。未来，随着技术的不断进步，大数据在博物馆中的应用将会更加广泛和深入。

第三节　云计算
——编织无形算力网

云计算（Cloud Computing）是一种基于互联网的计算模式，它通过将计算资源（如服务器、存储、网络、应用程序等）集中管理，并以服务的形式提供给用户。"云计算"的概念最早由谷歌公司在 2006 年的"Google 101 计划"中正式提出，此后迅速进入公众视野，并成为信息技术领域的重要发展方向。云计算的诞生是分布式计算、并行处理、网格计算等技术演进的必然结果，也是虚拟化、效用计算、基础设施即服务、平台即服务和软件即服务等概念融合与提升的产物。

尽管云计算已经成为信息技术领域的热门话题，但关于其定义和内涵，学术界和产业界尚未形成完全统一的观点。美国国家标准与技术研究院（National Institute of Standards and Technology，NIST）对云计算的定义被广泛引用。NIST指出，云计算是一种资源利用模式，它能够通过网络以方便、按需访问的方式提供可配置的计算资源池（如网络、服务器、存储、应用程序和服务），并能够快速供应资源，同时以最小的管理代价提供服务。

中国云计算专家刘鹏也对云计算进行了定义，他认为云计算是将计算任务分布在大量计算机构成的资源池上，使各种应用系统能够根据需要获取计算力、存储空间和各种软件服务。简单来说，云计算是一种通过互联网按需访问资源池的便捷使用方式和服务模式。

（一）云计算的主要特点

1.按需服务

云计算允许用户根据自身需求灵活地购买和使用计算资源。用户无须提前购买硬件设备或进行复杂配置，只需通过云服务提供商的平台按需获取所需的资源。这种模式类似于日常生活中使用水、电、煤气等公共服务，用户只需为实际使用的资源付费。

2.资源池化

云计算服务提供商会将各种资源（如存储、处理能力、内存、带宽[①]和虚拟机等）汇集到一个资源池中，并通过多租户模式共享给多个用户。资源池中的资源可以根据用户的需求进行动态分配或重新分配。对于用户而言，具体的物理资源位置是透明的，他们无须关心资源的具体部署细节。

3.高可扩展性

云计算具有极高的可扩展性，用户可以根据实际需求快速弹性地请

---

①带宽指的是网络的数据传输速率。在云计算中，带宽是一个重要资源，因为它关系到数据的传输速度和容量，所以云服务提供商会将带宽作为资源池的一部分来动态分配。

求和购买服务资源。例如，当用户的计算任务量增加时，可以迅速扩展计算资源；当任务量减少时，则可以释放多余的资源。这种弹性扩展能力使得云计算特别适合处理波动性较大的工作负载。

4. 广泛的网络访问

云计算资源可以通过网络随时随地访问。用户可以使用多种设备（如 PC、手机、平板电脑等）连接到云平台，享受云计算提供的服务。这种广泛的网络访问能力使得云计算能够支持跨地域、跨设备的协同工作。

5. 可度量的服务

云计算系统能够根据服务类型提供相应的计量方式，并向用户和服务提供商报告资源使用情况。用户可以根据实际使用量付费，而服务提供商则可以通过监控资源使用情况来优化资源分配和管理。这种可度量的服务模式不仅提高了资源利用率，还为用户提供了透明的计费方式。

（二）云计算的服务模式

从服务提供的角度来看，云计算可以分为以下三种主要服务模式：

1. 基础设施即服务（Infrastructure as a Service，IaaS）

IaaS 是云计算最基础的服务模式，它向用户提供虚拟化的计算资源，如虚拟机、存储、网络等。用户可以在这些基础设施上部署和运行自己的应用程序。IaaS 的优势在于其灵活性和可扩展性，用户可以根据需求动态调整资源的使用量。

2. 平台即服务（Platform as a Service，PaaS）

PaaS 在 IaaS 的基础上进一步提供了开发和运行应用程序所需的平台环境。用户无须关心底层的基础设施，只需专注于应用程序的开发和部署。PaaS 通常包括操作系统、编程语言运行环境、数据库和开发工具等。

3. 软件即服务（Software as a Service，SaaS）

SaaS 是云计算最上层的服务模式，它向用户提供完整的应用程序服务。用户无须安装和维护软件，只需通过互联网访问即可使用。SaaS 的优势在于其便捷性和低成本，适合需要快速部署和使用应用程序的场景。

（三）云计算在智慧博物馆中的应用

智慧博物馆是云计算技术应用的一个重要领域。通过云计算，智慧博物馆能够将各种存储、处理、分析等资源进行集中管理，从而实现计算功能的超强组合。云计算在智慧博物馆中的应用主要体现在以下几个方面：

1. 数据存储与管理

智慧博物馆需要处理大量的多格式、多模式数据，如藏品信息、观众行为数据、环境监测数据等。云计算提供了强大的存储能力，能够将这些数据集中存储在云端，并通过分布式文件系统和数据库进行高效管理。

2. 数据分析与挖掘

云计算为智慧博物馆提供了强大的计算能力，能够对海量数据进行实时分析和挖掘。例如，通过云计算平台，可以对观众的参观行为数据进行分析，发现观众的偏好和兴趣，从而为展览设计和服务优化提供依据。

3. 跨平台与跨应用整合

云计算能够实现智慧博物馆中不同系统和应用之间的数据流通与整合。例如，通过云计算平台，可以将藏品管理系统、观众服务系统、环境监测系统等进行整合，形成一个统一的数据平台。

4. 资源弹性扩展

智慧博物馆的工作负载通常具有波动性。例如，在展览高峰期，观众数量和数据量可能会大幅增加，云计算的高可扩展性使得智慧博物馆能够根据实际需求快速扩展资源，从而保证系统的稳定运行。

5. 成本优化

云计算采用按需付费的模式，智慧博物馆只需为实际使用的资源付费，从而降低了硬件设备的采购和维护成本。此外，云计算还能够通过资源池化和多租户模式提高资源利用率，进一步降低成本。

（四）云计算与大数据的协同作用

在智慧博物馆中，云计算与大数据技术相辅相成，共同发挥着重要作用。云计算为大数据提供了强大的计算和存储能力，使得海量数据的处理和分析成为可能；而大数据则为云计算提供了丰富的数据资源和应用场景，使得云计算的价值得以充分发挥。

1. 云计算支持大数据的存储与处理

大数据的体量庞大、类型多样，传统的数据处理技术难以应对。云计算通过分布式存储和计算技术，能够高效地存储和处理大数据。例如，在智慧博物馆中，云计算平台可以存储和管理大量的藏品图像、三维模型、展览视频等非结构化数据，并通过分布式计算技术对这些数据进行实时分析。

2. 大数据驱动云计算的应用创新

大数据为云计算提供了丰富的应用场景和数据资源。例如，在智慧博物馆中，通过对观众行为数据的分析，可以发现观众的偏好和兴趣，从而为展览设计和服务优化提供依据。这种数据驱动的应用创新使得云计算的价值得以充分体现。

3. 云计算与大数据的协同发展

云计算与大数据是智慧博物馆建设的两大核心技术，二者相互依赖、相互促进。云计算为大数据提供了技术支持，而大数据则为云计算提供了应用场景。只有将二者结合起来，才能充分发挥智慧博物馆的潜力。

云计算作为一种新兴的计算模式，正在深刻地改变着信息技术的发展方向。在智慧博物馆中，云计算通过提供强大的存储、计算和分析能力，为大数据技术的应用提供了有力支持。同时，大数据也为云计算提供了丰富的数据资源和应用场景，推动了云计算的创新与发展。

第四节 虚拟现实
——折叠时空的透视镜

虚拟现实（VR）技术是一种通过计算机生成模拟环境，使用户能够沉浸其中并与之交互的技术。VR技术利用计算机图形学、传感器技术、人机交互技术等多种技术手段，创建一个多源信息融合的、交互式的三维动态视景和模拟实体行为的系统仿真环境。用户可以通过视觉、听觉、触觉等多种感官来感受这个虚拟环境，从而获得身临其境的体验。

一、虚拟现实（VR）技术的核心特征

VR技术的核心特征包括身临其境感、交互感、构建性、动作性和自主性。它通过高分辨率显示设备、立体声效和触觉反馈等手段，使用户完全置身于虚拟环境中，这是其区别于其他仿真技术的重要特征。VR技术允许用户与虚拟环境中的对象进行实时交互，用户可以通过手柄、数据手套等设备在虚拟环境中操作，系统会实时更新场景。

VR技术能够构建一个全新的虚拟环境，这个环境既可以是对现实世界的仿真，也可以是完全虚构的场景，用户可以在其中进行探索和操作。它还能实时捕捉用户动作，并将其映射到虚拟环境中，保证虚拟环境的连贯性和真实性。VR技术允许用户在虚拟环境中自主行动，系统会根据用户的行为和环境变化进行动态调整，使用户获得更加自由和真实的体验。

二、虚拟现实（VR）技术在博物馆中的应用

VR技术在博物馆中的应用为文物保护、展览设计和观众体验带来了革命性的变化。以下是VR技术在博物馆中的主要应用场景：

（一）文物数字化保护与复原

通过VR技术，博物馆可以对文物进行高精度的三维扫描和建模，从而实现对文物的数字化保护。例如，对于已经损坏或消失的文物，可以通过VR技术进行数字化复原，并将其展示在虚拟环境中。这种方式不仅可以保护文物免受进一步损坏，还可以让观众欣赏到文物的原始风貌。

（二）虚拟展览与远程参观

VR技术可以为博物馆创建虚拟展览，让观众通过VR设备远程参观博物馆。例如，观众可以在家中通过VR设备进入虚拟博物馆，欣赏展品，参与互动活动，甚至与其他观众进行实时交流。这种方式不仅扩大了博物馆的受众范围，还为观众提供了更加便捷和灵活的参观方式。

（三）沉浸式展览体验

VR技术可以为博物馆创建沉浸式展览，让观众身临其境地感受展览内容。例如，通过VR技术，观众可以进入虚拟的历史场景，亲身体验历史事件；或者进入虚拟的自然环境，感受大自然的美丽与神奇。这种沉浸式的展览体验不仅增强了观众的参与感，还提高了展览的教育效果。

（四）互动式学习与教育

VR技术可以为博物馆提供互动式学习和教育工具。例如，通过VR技术，学生可以在虚拟实验室中进行科学实验，或者在虚拟历史场景中进行历史学习。这种互动式学习方式不仅提高了学生的学习兴趣，还增强了学习效果。

（五）文物修复与保护培训

VR技术可以用于博物馆工作人员的文物修复与保护培训。例如，通过VR技术，工作人员可以在虚拟环境中进行文物修复操作，从而提高修

复技能和操作的安全性。此外，VR技术还可以用于文物保护知识的培训，帮助工作人员更好地理解和掌握文物保护技术。

三、虚拟现实（VR）技术的未来发展趋势

随着技术的不断进步，虚拟现实技术在未来将迎来更加广阔的发展前景。以下是VR技术的几个未来发展趋势：

（一）硬件设备的轻量化与便携化

未来的VR设备将更加轻量化与便携化，从而提高用户的佩戴舒适度和使用便捷性。例如，未来的VR头戴式显示器可能会采用更轻的材料和更紧凑的设计，使得用户可以长时间佩戴而不感到不适。

（二）显示技术的提升

未来的VR设备将采用更高分辨率的显示技术，从而提高虚拟环境的真实感和沉浸感。例如，未来的VR设备可能会采用8K甚至更高分辨率的显示屏，使得虚拟环境中的细节更加清晰和逼真。

（三）交互方式的多样化

未来的VR技术将支持更加多样化的交互方式。例如，未来的VR设备可能会支持手势识别、眼动追踪和脑机接口等技术，使得用户可以通过更加自然和直观的方式与虚拟环境进行交互。

（四）应用场景的扩展

未来的VR技术将应用于更多的领域和场景。例如，VR技术可能会在医疗、教育、旅游、房地产等领域得到更加广泛的应用，从而为人们的生活和工作带来更多便利和价值。

（五）与其他技术的融合

未来的VR技术将与其他新兴技术（如人工智能、物联网、5G通信等）进行深度融合。例如，通过AI技术，VR系统可以根据用户的行为和偏好进行智能推荐；通过5G技术，VR系统可以实现低延迟和高带宽的数据传输，从而提高用户体验。

虚拟现实技术作为一种新兴的技术手段，正在深刻改变着博物馆的文物保护、展览设计和观众体验方式。通过VR技术，博物馆可以实现文物的数字化保护与复原，创建虚拟展览和沉浸式体验，提供互动式学习和教育工具，从而为观众带来更加丰富和多样的参观体验。未来，随着技术的不断进步，VR技术在博物馆中的应用将会更加广泛和深入，为博物馆的数字化转型和智能化发展提供更多可能性。

第五节　全息技术
——将"你"折射进棱镜里

全息技术，作为21世纪科技前沿的"璀璨明珠"，正以其独特的魅力和无限的应用潜力，引领着信息技术与文化传承的深度融合。这项技术综合运用了互联网、人工智能以及光电信息处理等多领域的知识。

一、全息技术的核心原理

全息技术的核心原理是光的干涉与衍射现象，实现了对物体三维信息的精准记录与高度还原。在这一过程中，被精心记录的干涉条纹被赋予了"全息图"这一专业称谓，它们承载着物体的全部光波信息，是全息技术得以展现立体影像的基础。

二、全息技术与虚拟现实技术的区别

与近年来同样风靡的虚拟现实（VR）技术相比，全息技术展现出了截然不同的技术路径和观赏体验。VR技术通常需要用户佩戴特定的头戴式显示器，通过模拟环境、感知、自然技能和传感设备等方式，让用户

沉浸在计算机生成的三维环境中。而全息技术，本质上是一种更为直接、自然的投影技术。它无须复杂的设备辅助，只需将精心制作的影像投射到适当的介质上，如全息膜或特定的投影面，就能让观众直接观看到栩栩如生、仿佛触手可及的立体影像。这种前所未有的观赏方式，不仅极大地提升了观众的沉浸感和参与度，还为文化的展示和传播开辟了新的可能。

三、全息技术在博物馆领域的应用

在文博领域，全息技术的应用无疑为博物馆的展览形式和内容带来了革命性的变化。传统博物馆的展示方式往往局限于实物陈列、图文解说和多媒体播放等，而全息技术的引入，则使得博物馆能够以更加生动、直观的方式呈现历史文物、艺术作品乃至自然奇观。目前，全息技术在博物馆领域的应用形式主要集中在全息投影技术和360°幻影成像技术两大方面。

全息投影技术，作为全息技术在文博领域最为直观的应用之一，以其虚拟成像的显示方式吸引了无数观众的目光。这项技术的工作原理精妙而复杂：首先，通过专业的制作流程，将想要展示的三维物体或场景转化为高质量的视频内容；其次，利用光源（如投影仪或LED灯），将这些视频内容投射到贴着全息膜的材质上。在这个过程中，全息膜作为关键的光学元件，其表面微细的结构能够对投射过来的光线进行干涉和衍射，使得投影素材中的黑色像素信息被有效屏蔽，而其余色彩丰富的像素信息则得以显现。最终，这些经过处理的光线在空间中交织成一幅幅立体感十足、真实感极强的影像，让观众仿佛置身于一个超越现实的奇幻世界中。

全息投影技术的应用，不仅极大地丰富了博物馆的展览内容，还提升了观众的观赏体验。例如，在历史博物馆中，通过全息投影技术，可以将古代文物以原貌呈现，让观众能够近距离观察文物的细节和工艺；

在艺术博物馆中，则可以展示艺术家的创作过程和作品的三维效果，让观众更加深入地理解艺术的魅力和内涵。此外，全息投影技术还可以用于模拟自然景观和科学实验等，让观众在博物馆中就能领略到大自然的壮丽和科学的奥秘。

除了全息投影技术外，360°幻影成像技术也是全息技术在文博领域的重要应用之一。与全息投影技术相比，幻影成像技术采用了一种基于四面锥体的全息膜材质作为投影载体。这种特殊的全息膜材质能够形成一个四面锥体的空间结构，当制作好的视频内容通过光源投射到这个四面锥体的全息膜上时，光线的衍射作用将使得光信号在反射后聚集在一起，形成具有真实立体效果的影像。

360°幻影成像技术的独特之处在于其全方位、多角度的展示效果。观众可以围绕全息影像进行360°的观看，从各个角度欣赏影像的细节并感受到美感。这种全新的观赏方式不仅增强了观众的沉浸感和参与感，还使得博物馆的展览更加生动有趣。例如，在自然科学博物馆中，通过360°幻影成像技术，可以展示地球的内部结构、动物的解剖构造等复杂的三维信息；在历史博物馆中，则可以重现历史事件或人物场景，让观众仿佛穿越时空，回到了过去。

全息技术在文博领域的应用并不限于展览展示方面。随着技术的不断发展和完善，全息技术开始渗透到博物馆的保护、研究、教育等多个领域。在教育方面，全息技术可以为学生提供更加直观、生动的学习材料，帮助他们更好地理解和掌握科学知识；在研究方面，全息技术可以为学者提供更加精准、全面的研究对象信息，促进学术研究的深入和发展；在保护方面，全息技术可以用于文物的数字化保护和修复工作，为文物的长期保存和传承提供有力的支持。

尽管全息技术在文博领域展现出了巨大的应用潜力和价值，但其在实际应用中仍面临着一些挑战和问题。如全息技术的成本较高，制作过程相对复杂，存在一些技术上的局限性，其影像分辨率、色彩还原度、观看角度等方面仍有待进一步提高和完善，未来还需要采取一系列措施和策略来加以解决。相信在不久的将来，随着技术的不断发展和完善，全息技术将在文博领域发挥更加重要的作用，推动文化的传承和发展。

第六节　增强现实
——"此刻"与"未来"在视网膜上的交叠

增强现实（AR）技术作为一种前沿的科技手段，正逐渐改变着我们对世界的认知和体验方式。它是一种将真实世界信息和虚拟世界信息"无缝"集成的新技术，通过电脑等科学技术，把原本在现实世界的一定时间空间范围内很难体验到的实体信息（如视觉信息、声音、味道、触觉等）进行模拟仿真后叠加到真实环境中，使人类感官能够感知到超越现实的体验。这种技术让真实的环境和虚拟的物体实时地叠加到同一个画面或空间中，实现了虚拟与现实的完美融合。

一、增强现实（AR）技术概述

AR技术并不是一个全新的概念，但它在近年来得到了飞速的发展和应用。其核心原理在于通过特定的设备（如智能手机、AR眼镜等）捕捉现实世界的图像或场景，并在其上叠加虚拟的信息或元素。这些信息或元素可以是文字、图像、视频、三维模型等多种形式，它们与现实世界中的物体或场景相互交织，共同构成了一个更加丰富、立体的信息空间。

AR技术的实现需要多种技术的支持，包括计算机视觉、图像处理、传感器技术、人机交互等。其中，计算机视觉是 AR 技术的核心之一，它负责识别和理解现实世界中的物体和场景，为虚拟信息的叠加提供准确的定位和参考。图像处理技术则用于对捕捉到的现实世界图像进行处理和优化，以提高虚拟信息与现实世界的融合效果。传感器技术则提供了关于设备位置、方向和运动等信息，使得虚拟信息能够随着设备的移动而实时更新和变化。人机交互技术则使得用户能够与虚拟信息进行交互，从而获得更加丰富的体验。

随着移动设备的普及和性能的提升，移动 AR 技术正在如火如荼地发展着。手机作为人们日常生活中最常用的设备之一，其摄像头和传感器为 AR 技术的应用提供了极大的便利。通过手机摄像头拍摄的现实场景，并结合 AR 识别技术，用户可以在手机屏幕上看到虚拟信息与现实场景的完美融合。这种技术不仅为用户带来了全新的视觉体验，还为各个行业带来了无限的创新可能。

移动 AR 技术的基本原理可以概括为以下几个步骤：首先，通过手机摄像头捕捉现实场景的图像；其次，利用 AR 识别技术识别图像中的特定标记或物体；再次，根据识别结果从服务器或数据库中检索相应的虚拟信息；最后，将虚拟信息叠加到现实场景的图像中，并实时显示出来。这个过程需要高效的算法和强大的计算能力的支持，以确保虚拟信息与现实场景的融合效果和实时性。

二、增强现实（AR）技术在文博领域的应用背景

AR 技术的出现为文博领域带来了新的机遇。通过 AR 技术，观众可以在现实场景中看到虚拟的文物、历史场景或人物等信息，从而更加直观地了解文物的历史背景和文化内涵。这种技术不仅打破了传统文博展示方式的局限性，还为观众提供了更加丰富、立体的观展体验。

在文博领域应用 AR 技术具有多方面的优势：首先，AR 技术能够增强文物的展示效果。通过虚拟信息的叠加，观众可以看到文物在不同历

史时期的状态或使用情况，从而能更加深入地了解文物的价值和意义。其次，AR技术能够提升观众的参与感。观众可以通过与虚拟信息进行交互来探索文物的秘密或参与历史事件的重演等活动，从而更加积极地参与到观展过程中。再次，AR技术还能够促进文博领域的数字化发展。通过将文物信息数字化并整合到AR应用中，可以方便观众随时随地获取相关信息并进行学习和交流。

三、增强现实（AR）技术在文博领域的具体应用

AR技术在文博领域的应用非常广泛，其中最为突出的就是在博物馆文创产品开发中的应用。文创产品作为博物馆文化延伸和传播的重要载体，其创新性和趣味性对于吸引观众、传播文化具有重要意义，而AR技术的引入为文创产品的开发提供了新的思路和手段。

（一）文创电子书

文创电子书是AR技术在文博领域应用的一种典型形式。传统的电子书以文字和图片为主要内容，缺乏互动性和趣味性，而结合AR技术的文创电子书则可以通过扫描特定的图片或标记来触发虚拟信息的显示和交互。例如，一本关于古代文物的电子书，在扫描书中某件文物的图片后，读者可以在手机屏幕上看到该文物的三维模型、历史背景介绍以及相关的互动游戏等信息。这种形式的电子书不仅能让读者更加直观地了解文物的相关信息，还增加了阅读的趣味性和互动性。

文创电子书的开发需要综合考虑内容设计、技术实现和用户体验等多个方面。在内容设计上，要根据目标观众的需求和兴趣选择合适的文物和主题，并设计具有吸引力和趣味性的虚拟信息。在技术实现上，要选择合适的AR开发平台和工具进行开发，并确保应用的稳定性和兼容性。在用户体验上，要注重界面的友好性和操作的便捷性，以提供良好的阅读体验。

（二）虚拟导览

虚拟导览是 AR 技术在文博领域应用的另一种重要形式。通过 AR 技术，观众可以在博物馆内使用智能设备（如手机或 AR 眼镜）进行虚拟导览，看到虚拟的指示牌、文物信息标签或导览路线等信息。这些信息可以随着观众的移动而实时更新和变化，为观众提供准确的导航和解说服务。

虚拟导览的实现需要依赖于精准的室内定位技术和丰富的文物信息数据库。室内定位技术可以确保虚拟信息与现实场景的准确对齐和叠加，而文物信息数据库则提供了关于文物的详细信息和解说内容。通过结合这两种技术，观众可以在博物馆内自由地探索和学习，享受更加个性化和自主化的观展体验。

（三）互动展览

互动展览是 AR 技术在文博领域应用的另一种创新形式。通过 AR 技术，观众可以参与到虚拟的展览活动中来，与虚拟的文物或人物进行互动和交流。例如，在一个关于古代战争的展览中，观众可以通过 AR 技术参与到虚拟的战斗场景中，与虚拟的士兵进行互动和战斗模拟。这种形式的展览不仅增强了观众的参与感和沉浸感，还让观众更加深入地了解了展览的主题和内容。互动展览的开发需要综合考虑场景设计、互动逻辑和用户体验等多个方面。

在场景设计上，要根据展览的主题和内容来设计合适的虚拟场景和互动元素，并确保场景的真实感和逼真度；在互动逻辑上，要设计合理的互动方式和规则，以确保观众的参与体验和展览效果；在用户体验上，要注重界面的友好性和操作的便捷性，以提供良好的互动体验。

（四）文物修复与保护

AR 技术还可以在文物修复与保护方面发挥重要作用。通过 AR 技术，专家可以对文物进行虚拟修复和模拟保护操作，以评估不同修复方案的效果和可行性。这种技术不仅可以降低实际修复过程中对文物的损害风险，还可以为文物保护工作提供科学依据和技术支持。

在文物修复方面，AR 技术可以应用于文物的虚拟重建和复原。通过对文物碎片进行三维扫描和建模，可以构建出文物的虚拟完整形态，并对其进行虚拟修复和复原操作。这种技术不仅可以让观众看到文物原始的风貌和状态，还可以为文物修复工作提供准确的参考和依据。

在文物保护方面，AR 技术可以应用于文物的监测和管理。通过在文物上设置 AR 标记或传感器，可以实时监测文物的状态和环境变化，并及时发现潜在的风险和问题。同时，AR 技术还可以为文物保护工作提供虚拟展示和宣传手段，提高公众对文物保护的认识和重视程度。

（五）教育与普及

AR 技术还可以在文博领域的教育与普及方面发挥重要作用。通过 AR 技术，观众可以在互动中学习历史知识，了解文化传统，并培养对文物的兴趣和爱好。例如，在学校教育中，教师可以利用 AR 技术来创建虚拟的历史课堂或实验室，让学生在其中进行实践操作和互动学习；在公共场所中，可以设置 AR 互动装置或展品，让公众通过扫描特定标记或图片来获取相关信息和知识。

教育与普及是文博领域的重要任务之一，而 AR 技术为其提供了新的手段和途径。结合 AR 技术与教育内容，可以打造出更加生动有趣且具有吸引力的教育产品和活动，激发观众的学习兴趣和积极性。同时，AR 技术还可以为文博领域的普及工作提供便捷、高效的传播渠道和手段，让更多人了解和关注文化遗产的保护与传承工作。

四、增强现实（AR）技术在文博领域的未来发展前景

随着科技的不断进步和应用场景的不断拓展，AR 技术在文博领域的发展前景十分广阔。未来，AR 技术有望在文博领域实现更加广泛和深入的应用，为观众带来更加丰富、立体且具有沉浸感的观展体验。

（一）技术融合与创新

AR技术有望与其他新兴技术（如人工智能、大数据、物联网等）进行深度融合和创新应用。通过结合这些技术的优势和特点，可以打造出更加智能、个性化且具有创新性的文博产品和服务。例如，可以利用人工智能技术对观众的行为和偏好进行分析和预测，从而为其提供更加精准的推荐和服务；可以利用大数据技术挖掘和分析文物信息数据，为文物保护和研究提供科学依据和支持；可以利用物联网技术实现对文物信息的实时监测和管理。

（二）内容多样化与个性化

随着观众需求的不断提升和多样化发展，文博领域的内容也将呈现出更加多样化和个性化的特点。通过AR技术，可以打造出不同类型、风格和主题的文创产品和展览活动，以满足不同观众的需求。同时，还可以根据观众的反馈和评价不断优化和改进内容设计和呈现方式，提高观众的满意度和参与度。

（三）跨界合作与共享

文博领域有望与其他行业进行跨界合作和资源共享，共同推动AR技术在更广泛领域的应用和发展。例如，文博领域可以与旅游行业合作开展虚拟旅游项目，让观众在家中就能体验到不同地区的文化风貌和特色；可以与教育行业合作开展在线教育课程或活动，利用AR技术来提高教学效果和趣味性；可以与娱乐行业合作开展虚拟娱乐项目或游戏等，为观众提供更加丰富多样的娱乐体验。

第七节 室内定位技术
——活体建筑经络图

室内定位技术，作为近年来迅速发展的技术，正逐渐改变着我们对室内空间的认知和管理方式。这项技术在室内环境中实现了精确的位置定位，通过集成无线通信、基站定位、惯导定位等多种技术手段，构建了一套完善的室内位置定位体系。

这一体系不仅能够实时监控人员、物体等在室内空间中的位置，还提供了丰富的数据支持和应用场景，为各个领域带来了前所未有的便利和效率的提升。特别是在文博领域，室内定位技术的应用更是展现出了其独特的魅力和价值。

一、室内定位技术概述

室内定位技术，顾名思义，就是在室内环境中实现定位的技术。与室外定位技术相比，室内定位技术面临着更多的挑战和复杂性。室内环境往往存在信号遮挡、多路径效应等问题，这要求室内定位技术必须具备更高的精确度和稳定性。因此，室内定位技术采用了多种技术手段进行集成和优化，以确保定位的准确性和可靠性。

目前，除了通信网络的蜂窝定位技术外，常见的室内无线定位技术还包括Wi-Fi、蓝牙、红外线、超宽带（UWB）、RFID、ZigBee和超声波等。这些技术各有特点，适用于不同的场景和需求。例如，Wi-Fi定位技术利用现有的无线局域网基础设施，通过测量信号强度或时间差等方式实现定位，具有成本低、覆盖范围广的优势；而UWB定位技术则以其高精度、抗干扰能力强的特点，在需要厘米级定位精度的场景中得到了广泛应用。

二、室内定位技术在文博领域的应用

无论是博物馆、展览馆还是文化遗产保护地，都需要对人员、展品等进行精确定位和管理。室内定位技术的引入，为文博领域带来了全新的管理方式和体验感的提升。

（一）精准室内导航

在复杂的室内环境中，如大型博物馆或展览馆，游客往往容易迷失方向或错过感兴趣的展品，而精准室内导航技术的出现，为游客提供了极大的便利。这项技术基于移动智能终端，通过实时导航功能，帮助游客在室内环境中准确找到目标位置。其精度一般为1~5米，甚至能够实现跨楼层的路线导引。

在博物馆中，精准室内导航可以为游客提供个性化的参观路线规划，根据游客的兴趣和时间安排，推荐最佳的参观顺序和路径。同时，导航系统还可以结合展品的介绍和音频导览功能，为游客提供更加丰富的参观体验。在医院等场所，室内导航技术也可以为病患提供电子导医服务，帮助他们快速找到就诊科室或检查地点。

（二）人员、物品实时定位

在文博领域中，对人员、物品、设备等目标的精准定位需求日益增长。室内定位技术通过厘米级或米级的定位精度，实现了对这些目标的实时监控和管理。

在博物馆中，这项技术可以应用于访客定位管理，帮助管理人员实时掌握访客的位置和流动情况，确保参观秩序和安全。同时，人员、物品实时定位技术还可以应用于文物保护和展品管理。通过对展品进行精准定位，管理人员可以随时了解展品的位置和状态，防止展品被盗或损坏。在仓储设备定位管理中，这项技术也可以提高仓储效率，减少物资查找和盘点时间。

（三）历史轨迹查询

历史轨迹查询是室内定位技术的另一项重要功能。通过这项技术，可以随时查看人员、物品在某个时间段内的移动轨迹，这对于文博领域来说具有重要意义。

在博物馆中，管理人员可以通过历史轨迹查询功能，了解访客在博物馆内的参观路线和停留时间，从而分析访客的参观行为和兴趣偏好。此外，历史轨迹查询还可以应用于事件历史追溯和养老院老人智能看护等场景。在事件历史追溯中，通过查询相关人员的历史轨迹，可以还原事件发生的经过和细节，为事件处理提供有力依据。在养老院老人智能看护中，工作人员也可以通过轨迹查询功能，实时掌握老人的活动情况和位置信息，确保他们的安全和健康。

（四）虚拟地理围栏

虚拟地理围栏是室内定位技术的一项创新应用。通过在关键区域设置虚拟围栏，一旦人员、物资、设备等未经授权进入或离开某区域，系统就会立即发出预警信号。这项技术在文博领域具有广泛的应用前景。在博物馆中，虚拟地理围栏可以应用于展品保护区域的管理。通过设置虚拟围栏，可以防止游客或工作人员未经授权进入展品保护区域，确保展品的安全。同时，虚拟地理围栏还可以应用于人员防走失和岗位管理。

例如，在大型展览活动中，可以通过设置虚拟围栏来限定游客的活动范围，防止他们走失或进入危险区域。在岗位管理中，则可以通过虚拟围栏来监控工作人员的位置和工作状态，确保他们按照规定的岗位职责进行工作。

（五）位置数据收集与分析

位置数据收集是室内定位技术的另一项重要功能。通过收集人员在室内空间中的位置信息，可以全面了解人群的行为轨迹和活动规律。在文博领域中，这项技术可以应用于大型会展等场景中的人群行为分析。在大型会展中，通过位置数据收集功能，可以实时掌握参展商和观众的位置信息和流动情况。这些均有助于会展组织者了解各展位的受欢迎程度和观众的兴趣偏好，为后续的会展策划和营销提供有力依据。

同时，位置数据收集还可以应用于精准营销和客户回访。通过分析观众的位置数据和观览行为，可以有针对性地推送相关信息和优惠活动，提高客户转化率和满意度。

（六）互动营销与体验提升

室内定位技术还可以为文博领域带来全新的互动营销和体验提升方式。通过结合移动智能终端和定位技术，可以实现"线上""线下"的互动营销活动。

例如，在大型商超、景区、会展等场景中，可以通过推送互动消息的方式吸引游客的注意力。在博物馆中，互动营销可以结合音频导览、虚拟现实（VR）技术等手段，为游客提供更加丰富的参观体验。通过定位技术，可以实时推送与游客位置相关的展品介绍和音频导览内容，让游客在参观过程中更加深入地了解展品的历史和文化背景。同时，还可以结合VR技术为游客提供沉浸式的参观体验，让他们仿佛置身于历史场景中，感受文化魅力。

（七）系统联动与应急响应

室内定位技术还可以与其他系统进行联动，实现更加高效的管理和应急响应。

例如，在博物馆中，可以将定位系统与声光报警系统、视频监控系统等进行联动。一旦发生紧急情况或异常事件，如展品被盗、游客走失等，定位系统即可以立即触发警铃或现场视频画面，帮助管理人员迅速做出决策并采取应对措施。这种系统联动的方式不仅可以提高文博领域的管理效率和应急响应能力，还可以为游客提供更加安全、可靠的参观环境。实时监控和预警功能，可以及时发现并处理潜在的安全隐患，确保游客的人身安全和财产安全。

室内定位技术作为一项新兴技术，在文博领域展现出了巨大的应用潜力和价值。通过精准室内导航，人员、物品实时定位，历史轨迹查询，虚拟地理围栏，位置数据收集与分析，互动营销与体验提升以及系统联动与应急响应等多种功能手段，室内定位技术为文博领域带来了全新的管理方式和观众的体验提升。未来，随着技术的不断进步和应用场景的不断拓展，室内定位技术将在更多领域发挥重要作用，为人类社会的发展和进步做出更大贡献。

第八节　三维展示技术
——视觉维度的突破性延展

三维展示技术是一种利用计算机图形学、虚拟现实（VR）、增强现实（AR）等先进技术，将真实世界的物体、场景或概念以三维形式呈现出来的技术。这种技术不仅能够模拟物体的外观、质感和运动状态，还能让观众在虚拟环境中与物体进行互动，获得身临其境的体验。

在文博领域，三维展示技术为文物的数字化保护和传播提供了前所未有的机遇。通过三维扫描、建模和渲染等技术，我们可以将珍贵的文物以数字化的形式保存下来，并在全球范围内进行展示和传播。这不仅让更多的人有机会接触到这些文化遗产，还极大地减少了文物因实物展示而可能受到的损害。

一、三维展示技术的关键技术

三维展示技术的实现依赖于一系列关键技术，其中三维建模是核心。

在虚拟现实环境中，三维建模主要分为数据建模和过程建模两大类。

数据建模是三维建模的基础，关注如何准确获取和表示物体的三维数据，它进一步分为连续建模和离散建模两部分。连续建模适用于表示具有连续表面的物体，如雕塑、陶器等，通过三维扫描设备获取点云数据，再利用曲面重建算法转换为三维曲面模型；而离散建模则适用于由离散元素组成的物体，如建筑、机械等，通过将物体分解成基本几何体并组合来构建三维模型。

过程建模侧重于模拟物体的生成过程或动态变化，包括分形建模、图像建模、图形建模、几何建模和混合建模等方法。分形建模利用分形几何学原理生成具有自相似性的复杂物体，适用于模拟自然景物；图像建模是基于二维图像构建三维模型，通过分析图像中的透视关系、光影效果等信息推断物体的三维形状和位置；图形建模允许用户通过绘制二维图形定义物体的三维形状，再通过拉伸、旋转、挤压等操作将二维图形转换为三维模型；几何建模利用数学中的几何概念描述物体的三维形状，具有精确性高、可控性强等优点；混合建模则是将多种建模方法相结合，充分发挥各自优势，如先使用图像建模获取物体大致形状，再利用几何建模进行精细调整和优化。

二、文物三维建模步骤

首先，我们需要使用三维扫描设备对文物进行扫描，获取其表面的点云数据，这些数据是构建三维模型的基础。

（一）去除噪声

由于扫描过程中可能会受到各种因素的干扰（如光线、灰尘等），因此，获取的点云数据往往包含一些噪声。我们需要通过数据处理算法去除这些噪声，以提高模型的准确性。

（二）曲面拼接

在去除噪声后，我们需要将点云数据拼接成完整的三维曲面，这通常涉及曲面重建、网格优化等复杂的技术问题。

（三）修补"洞"

由于扫描角度或文物本身的原因，获取的三维模型可能会存在一些"洞"或缺失的部分。我们需要通过手动或自动的方式对这些"洞"进行修补，以得到完整的三维模型。

我们得到一个可以在计算机上显示的具有三维特征的网格模型。通过表面绘制功能，我们可以抽取三维原始数据中的表面数据，并将贴图纹理附着于网格模型上，形成文物的三维模型。

三、三维展示技术在文博领域的具体应用

三维展示技术在文博领域的应用非常广泛，它不仅改变了文物的展示方式，还为文物的保护、研究和传播提供了新的途径。

（一）文物的三维虚拟展示与参观

传统的文物展示方式往往受到时间和地域的限制，只有少数人有机会目睹这些珍贵的文化遗产。而三维展示技术则打破了这一局限，让更多的人能够随时随地欣赏到文物的风采。三维扫描和建模技术，可以将文物以数字化的形式呈现出来，并在网上进行展示。观众只需要通过电脑或手机等终端设备，就可以随时随地观看文物的三维模型，甚至可以进行旋转、缩放等操作，从各个角度欣赏文物的细节。此外，三维展示技术还可以模拟文物的原始环境和使用场景，让观众更加深入地了解文物的历史和文化背景。这种沉浸式的体验方式不仅增强了观众的参与感和兴趣，还提高了文物的传播效果和影响力。

（二）文物的保护与修复

文物的保护一直是文博领域的重要课题。传统的保护方式往往需要对文物进行实物处理，这可能会对文物造成一定的损害。而三维展示技术则提供了一种非破坏性的保护方式。通过三维扫描和建模技术，我们可以获取文物的精确三维模型，并在计算机上进行虚拟修复和保

护。这样不仅可以避免对文物实物的直接操作，还可以减少文物因展示而可能受到的损害。同时，三维模型还可以作为文物的数字备份，用于文物的长期保存和传承。即使文物实物因各种原因而损坏或丢失，我们仍然可以通过三维模型来还原其原始面貌，为后人留下宝贵的文化遗产。

（三）文物的研究与教育

三维展示技术还为文物的研究和教育提供了新的工具和方法。通过三维模型，研究人员可以更加方便地观察和分析文物的细节特征，进行更加深入的研究和探索。同时，三维展示技术还可以将文物以更加直观和生动的方式呈现给学生和公众，提高他们的学习兴趣和认知水平。通过虚拟参观和互动体验等方式，学生可以更加深入地了解文物的历史和文化背景，增强他们的文化自信和民族自豪感。

（四）场馆的三维建模与虚拟展览

除了文物的三维建模外，场馆的三维建模也是三维展示技术在文博领域的重要应用之一。通过三维建模技术，我们可以将博物馆、展览馆等场馆以数字化的形式呈现出来，并在网上进行虚拟展览。在构建场馆三维模型时，我们需要先获取场馆的建筑图纸和实地照片等资料，然后利用三维建模软件进行建模和渲染。通过模拟场馆的整体风格和布局设计，可以呈现出一个虚拟的展厅环境，让观众能够在网络上提前预览展览内容和布局。此外，三维展示技术还可以实现虚拟导览和互动体验等功能。观众可以通过虚拟现实设备或电脑鼠标等输入设备，在虚拟展厅中自由漫步和观赏展品；还可以通过互动设备或触摸屏等方式与展品进行互动操作，获得更加身临其境的体验。

（五）可视化编辑与布展模拟

在构建好三维场馆和文物模型后，我们需要对展览内容进行布局和设计，这时，可视化编辑器就发挥了重要作用。通过可视化编辑器，我们可以对临展场景进行虚拟临展的模拟，在布展未开始时就能提前预览布展效果。可视化编辑器提供了丰富的编辑功能，如拖拽、旋转、缩放等，让我们可以方便地调整展品的摆放位置和展示方式。同时，还可以对展厅的每个布展区域和内容进行设置，如添加文字说明、音频解说、视频资料等，以丰富展览的内容和形式。通过布展模拟功能，我们可以在实际布展之前对展览效果进行评估和优化，避免因为布局不合理或展品摆放不当等问题而影响展览效果。这不仅提高了布展的效率和准确性，还为观众提供了更加优质的参观体验。

（六）跨平台展示与传播

三维展示技术还具有跨平台展示与传播的优势。通过三维编辑陈展引擎提供的虚拟展示功能，我们可以将文物和场馆的三维模型在网页、移动应用等多种终端进行展示和传播。这意味着观众无论使用何种设备或平台，都能方便地欣赏到文物的三维模型和虚拟展览。这种跨平台的展示方式不仅扩大了文物的传播范围和影响力，还提高了观众的参与度和满意度。

第三章　博物馆文化数字资源开发与利用实践案例分析

　　基于第二章对文化资源数字化建设前沿技术的系统梳理，本章选取了巴黎卢浮宫、大英博物馆、大都会艺术博物馆、克利夫兰艺术博物馆、德国法兰克福古代雕塑博物馆、史密森尼国家自然历史博物馆、英国维多利亚与艾尔伯特博物馆等国外经典博物馆，以及故宫博物院、敦煌研究院、苏州博物馆、浙江省博物馆、南京博物院、上海博物馆、成都"锦点"公共文化服务网络平台等国内代表性文博单位。

　　通过个案分析与实地调研，深入剖析这些国内外文博单位在文化数字资源开发利用方面的经典做法，既探寻技术与文化融合的成功经验，也洞察其中存在的不足，为文物数字资源领域的进一步发展提供参考与启示，帮助读者全面了解该领域的实践情况。

第一节　国外博物馆行业文化
数字资源开发利用分析

　　巴黎卢浮宫、大英博物馆、大都会艺术博物馆以及克利夫兰艺术博物馆等这些在国际上享有盛誉的大型博物馆，不仅以其庞大的文物馆藏数量、众多的参观人数、广泛的社会服务以及深远的影响力而著称，还在高新技术与博物馆行业融合发展的浪潮中崭露头角，成为技术运用的先行军。这些博物馆在文物数字资源的开发和利用上走在了前列，积极探索数字技术与文物保护、展示、传播的深度融合。它们利用高新技术手段，对馆藏文物进行数字化处理，不仅让文物以更加生动、直观的方式呈现在观众面前，也极大地拓展了文物的传播渠道和影响力。

　　笔者将重点选择几个国外具有代表性的博物馆，对其在文物数字资源开发和利用方面的实践进行详细介绍，并梳理其典型案例，以列表的形式呈现。通过分析这些案例，可以发现国外博物馆在文物数字资源建设上的一些共同特点，如注重技术创新、强调用户体验、加强国际合作等。这些特点不仅为国外博物馆的数字化转型提供了有力支撑，也为我国博物馆的文物数字资源建设提供了宝贵的借鉴和启示。

一、巴黎卢浮宫

　　巴黎卢浮宫，坐落于法国巴黎市中心，是世界四大博物馆之一，它不仅是艺术爱好者的圣地，也是全球文化遗产的"璀璨明珠"。该博物馆馆藏资源丰富，藏品数量超过40万件，涵盖了从古埃及文明到现代艺术的各个历史时期和风格流派。卢浮宫不仅以其实体展厅中的珍贵藏品吸引着世界各地的游客，而且在数字化时代的大潮中勇立潮头，成为第一个将藏品从实体展厅搬上网络的美术博物馆。

早在2002年，卢浮宫便开始了网络改造计划，其目标远不止于打造一个世界上最大的美术博物馆数字平台，而是要构建一个拥有最完备教育功能、配备多种语言的3D参观和服务体系的数字虚拟博物馆。这一计划的实施，让卢浮宫在数字化领域走在了世界的前列。卢浮宫的实体陈列面积达到了6.06万平方米，每年的参观人次约为600万。通过卢浮宫在数字化转型上的不懈努力和创新，其网络虚拟空间的参观流量竟数倍于实体空间。有近3.5万件藏品在卢浮宫的官方网站上公开展示，观众不需要亲临现场也能一睹这些艺术珍品的风采。

随着移动互联网的发展，为了更好地满足观众的需求，卢浮宫还开发了移动端应用程序。该程序囊括了博物馆100多件珍藏艺术作品，每件作品都配以特写摄影细节和简短的文字说明。通过手机或平板电脑，观众可以随时随地放大细节，欣赏作品的每一个细微之处，真正实现了"口袋中"的博物馆。

以《蒙娜丽莎》的数字重生工程为例，通过微距摄影捕捉达·芬奇笔触间的光影变化，配合增强现实（AR）导览系统，观众既能通过手机端观察颜料开裂的微观细节，又能在独立展厅中体验画作所处的历史情境。这种"一物一展"的创新模式，突破了艺术鉴赏的物理边界，也开创了文物阐释的新范式。观众不再受限于实体展厅的空间和时间，而是可以随时随地通过数字平台，以全新的视角和方式欣赏和理解这些珍贵的艺术品。

除了移动端应用，卢浮宫还充分利用文物数字资源，开发了3D虚拟参观、三维互动地图和智能路线规划等功能。比如，卢浮宫就打造了博物馆三维体验平台，该平台采用70亿像素级高精度扫描技术，对3.5万件重点藏品进行建模，构建起包含多语言导览、智能路线规划及虚拟展厅的数字孪生体系。这种虚实结合的改造，使"线上"访问量达到实地参观者的4倍。除此之外，三维互动地图和智能路线规划，可方便观众获取展览信息、规划参观路线，轻松畅游卢浮宫的每一个角落。这些数字化升级项目极大提升了观众的参观体验感，扩大了卢浮宫的影响力。

在博物馆的管理和维护方面，卢浮宫同样走在了智能化的前列。在物理空间与数字基建的双向重构中，卢浮宫通过"新文艺复兴"改造计划，通过东侧入口分流系统，结合设备自动管理和BIM（建筑信息模型）可视化运维管理，使实体参观容量提升至1200万人次。前端体验的便捷性依托于后端数据的精准分析，实体空间的绿色运营受益于虚拟导览的分流作用，当观众使用三维互动地图规划最佳参观路线时，其行为数据又反向优化着智能调度系统。

这种管理方式不仅提高了工作效率，也降低了运营成本，为博物馆的绿色运营提供了有力保障。这种数据闭环的形成，标志着博物馆管理从经验驱动向算法驱动的范式转变，一改博物馆过去依赖管理人员的经验和判断来管理和运维的模式，取而代之的是大数据和算法的应用，可以更加精准地预测和分析观众的行为和需求，从而优化管理决策和服务质量。这一转变不仅提高了博物馆的运营效率和管理水平，也提升了观众的参观体验感和满意度。

巴黎卢浮宫在数字化建设上取得了显著的成果。无论是将藏品搬上网络、开发移动端应用，还是制作3D虚拟参观和智能路线规划的软件，都展现了卢浮宫在数字化时代的创新精神和前瞻眼光。卢浮宫的这些数字化转型既是过去二十年文博创新的集大成者，也是未来文化遗产永续发展的启明灯塔。其开辟的道路将指引全球博物馆在虚实交融的新纪元中找到传统与现代的平衡支点，最终实现人类集体记忆的数字永生。这将是人类文明传承方式的一次革命性变革，也将为全球文化遗产的保护和传承注入新的活力。

二、大英博物馆

大英博物馆是世界四大博物馆之一，坐落于英国伦敦的中心地带，因其深厚的文化底蕴和庞大的馆藏资源享誉全球。大英博物馆是一家综合性博物馆，藏品数量惊人，超过800万件（不含未编目数据），涵盖了从史前时期到现代的各个历史阶段，以及世界各地的文化艺术珍品。在这座知识的宝库中，每一件藏品都是人类文明的见证者，诉说着过去的故事，启迪着未来的思考。

为了让全球观众都能便捷地接触到这些珍贵的文化遗产，大英博物馆将其丰富的馆藏资源数字化，在其官方网站上可访问的藏品数量超过250万件。这一举措不仅打破了观展的地域和时间的限制，还极大地提升了博物馆的影响力并扩大了传播范围。

大英博物馆的数字化战略源于多方面的动因：一方面，随着全球文化遗产保护意识的提升，博物馆作为文化遗产的重要载体，承担着保存、研究和传播历史文化的重任；而传统的实体展厅和展示方式受限于空间、时间和观众数量，难以满足全球观众对文化遗产的多元化需求。另一方面，近年来，大英博物馆频发文物危害社会安全事件，如2023年被曝出约2000件藏品失窃，进一步促使该博物馆加强了安全管理，提高了透明度和可追溯性。

在此背景下，大英博物馆于2023年启动了一项为期5年、耗资1200万美元的数字化项目，计划将所有800万件藏品进行数字化处理，并依托数字化技术，实现文物的全链条管理，提高文物的安全性和可追溯性，同时拓宽文物的传播渠道，让全球观众能够更加方便地接触到这些珍贵的文化遗产。

为了方便观众在海量的藏品中找到自己感兴趣的藏品，大英博物馆网站提供了非常详细的在线检索藏品功能。观众只需要在搜索框中输入关键词，即可快速搜索到相关的藏品信息。这种智能化的检索方式，不仅提高了观众的参观效率，也提升了他们的参观体验感。

除了在线检索功能外，大英博物馆网站还提供了语音导航和地图应用程序服务。通过该程序，观众可以轻松找到800多件馆藏文物所在的位置，并了解藏品的详细信息。这种数字化的导航方式，让观众在博物馆中不再迷路，能够更加有针对性地参观自己感兴趣的藏品。

在数字化创新的道路上，大英博物馆从未停止探索的脚步。2014年，博物馆开发了一个基于增强现实（AR）技术的应用程序，实现了对取景器中的对象进行文本和图形的叠加功能。观众只需要将手机或平板电脑对准展品，即可在屏幕上看到关于展品的详细信息和背后的故事；甚至，观众还可以通过玩游戏与展品进行互动，这种创新的参观方式让博物馆变得更加生动有趣。

面对馆藏文物数量众多、采集难度大、耗时长等问题，大英博物馆积极寻求解决方案。他们采用了"众包"模式，即通过互联网平台将任务分发给全球的志愿者，让他们在短时间内完成对馆藏"青铜时代"系列文物相关数据的数字化处理工作。这种创新的合作方式不仅提高了工作效率，还降低了成本，让博物馆能够更加高效地推进数字化建设。大英博物馆将"众包"模式形成的数据以开放授权（采用知识共享协议）的形式向公众开放下载。这种开放的态度不仅促进了知识的共享和传播，还激发了更多人对文物的兴趣和热爱。同时，博物馆自身也利用这些数据对文物进行3D建模，借助虚拟现实设备进行展示，让观众能够以更加直观、立体的方式欣赏到文物的魅力。

三、大都会艺术博物馆

大都会艺术博物馆坐落于美国纽约这座繁华都市的中心地带，是世界四大博物馆之一，也是美国最大的博物馆。该馆馆藏资源丰富，其藏品数量超过300万件，涵盖了从古代文明到现代艺术的广阔范畴，展现了人类文化的多样性和创造力。这座博物馆不仅是一个展示艺术珍品的殿堂，还是一个研究、教育和交流的学术平台。

为了顺应数字化时代的发展潮流，大都会艺术博物馆积极推进数字化建设，并于21世纪初开启了数字化转型之路，其核心目标是打破物理空间的限制，让全球观众能够随时随地访问其丰富的文化资源。经过多年的努力，大都会艺术博物馆在文物数字资源开发与利用方面取得了显著成果，其数字化战略与资源开发现状呈现出以下主要特点：

一是全面数字化采集与开放共享。

大都会艺术博物馆采用3D扫描、高清摄影和多光谱成像等先进技术，对馆藏文物进行了高精度数字化采集。目前，该馆已将超过50万件藏品数字化，涵盖绘画、雕塑、纺织品、古代文物等多个类别。这些数字化的藏品不仅为学者提供了深入研究的素材，也为公众提供了了解艺术品背后的故事及文化的窗口。

在数字化采集的基础上，2017年，大都会艺术博物馆宣布实施"开放访问"（Open Access）政策，将超过37.5万件藏品的数字图像和元数据以CC0[①]协议（无版权限制）向公众开放，支持免费下载、分享和二次创作。这一政策的实施，极大地促进了文化资源的共享与传播，吸引了全球范围内的艺术家、教育工作者和研究人员参与二次创作和研究。逾40万张高清珍贵的艺术资料被大都会艺术博物馆无私地奉献给了全世界，供公众免费下载和欣赏。

二是多层次数字平台建设。

为了更好地服务全球观众，大都会艺术博物馆构建了多层次的数字平台，包括官方网站、数据库和移动终端应用等。

大都会艺术博物馆的官方网站提供了强大的在线检索功能，用户可以通过关键词、年代、地域等多种方式快速定位目标藏品，并查看高清图像和详细背景信息。这种便捷的在线检索方式使得全球观众能够随时

---

①CC0，全称为"Creative Commons Zero"，中文译为"创意共享零"，是一种允许作品免费、无限制使用的版权许可方式。

随地访问大都会艺术博物馆的藏品资源。

在移动端应用方面，大都会艺术博物馆推出了名为"The Met"的旗舰智能手机应用程序。这款应用不仅提供了博物馆的基本信息和展览安排，还为观众提供了实时问答服务，实现了人机互动。观众在参观过程中，如果遇到任何问题或想要了解更多关于藏品的信息，只需要打开"The Met"应用，输入问题，就能在最短时间内得到答案。此外，"The Met"应用还具备导航功能，可以帮助观众在庞大的博物馆内快速找到想要参观的展厅和藏品，遇到自己喜欢的藏品还可以收藏该藏品图片，以便随时回顾和欣赏。这些功能的设计，都充分考虑了观众的需求和习惯，使得博物馆的数字化服务更加贴心和便捷。

三是沉浸式体验与教育创新。

大都会艺术博物馆在数字化过程中，不仅注重藏品的数字化采集和开放共享，还积极探索沉浸式体验和教育创新的路径。

大都会艺术博物馆通过虚拟现实（VR）技术和增强现实（AR）技术开发了多款沉浸式体验项目。比如，通过VR技术重现古代埃及神庙，让观众能够身临其境地感受古代文明的魅力；通过AR技术将艺术品投射到用户的现实环境中，使得艺术品与观众的日常生活产生奇妙的交集。这些沉浸式体验项目不仅为异地观众提供了身临其境的体验，还成为博物馆数字营销的重要工具。

在教育方面，大都会艺术博物馆为教育工作者和学生提供了丰富的在线资源，包括教学工具包、视频课程和互动学习模块等，这些资源支持全球范围内的艺术教育。特别是"Met Kids"儿童教育平台，通过游戏化设计和互动内容激发儿童对艺术的兴趣，该平台还提供了"时间机器"功能，儿童可以通过选择时间和地点，探索不同历史时期的艺术品，并参与互动问答和创意活动，其已成为全球儿童艺术教育的重要平台。

四是跨领域合作与技术融合。

大都会艺术博物馆在数字化过程中，还积极寻求跨领域合作与技术融合。与科技公司合作是大都会艺术博物馆数字化战略的重要组成部分。大都会艺术博物馆与谷歌、微软等科技巨头合作，利用人工智能（AI）和机器学习技术优化藏品分类与推荐系统。通过合作，不仅提升了博物馆的数字化服务水平，还为科技公司提供了丰富的文化数据资源，促进了科技与文化的深度融合和"双向奔赴"。

通过开放共享、技术创新和跨界合作，大都会艺术博物馆不仅提升了自身的全球影响力，也为全球文博机构提供了宝贵的经验。国内博物馆可以从中汲取灵感，结合自身特点，推动数字化转型，为公众提供更加丰富、便捷的文化服务，让更多的人感受到艺术的魅力和文化的力量。

四、克利夫兰艺术博物馆

作为美国最重要的美术馆和博物馆之一——克利夫兰艺术博物馆以其丰富的艺术藏品和独特的展览方式吸引着来自世界各地的艺术爱好者。该博物馆内收藏的艺术作品超过43000件，涵盖了绘画、雕塑、装饰艺术等多个领域，每一件作品都是人类智慧和创造力的结晶，展现了艺术的无限魅力和深度。在数字化转型的浪潮中，克利夫兰艺术博物馆积极探索和创新，深度开发和利用文物数字资源，为全球观众提供了全新的文化体验。

克利夫兰艺术博物馆的数字化转型始于对文物资源的全面数字化采集和开放共享。博物馆采用3D扫描、高清摄影和多光谱成像等技术，对馆藏文物进行高精度数字化采集，目前已将大量藏品数字化，涵盖多个艺术类别，为后续的数字化服务提供了坚实的基础。该馆的数字化实践主要体现在以下几个方面：

一是全面数字化采集。

克利夫兰艺术博物馆致力于将馆藏文物以数字化的形式呈现给全球观众。通过3D扫描技术捕捉文物的三维形态，为观众提供立体、全方位的观赏体验；运用高清摄影技术则确保了文物图像的清晰度和细节表现，使观众能够在线欣赏到与实物几乎无异的艺术作品；而多光谱成像技术则能够揭示文物表面肉眼难以察觉的信息，为文物保护和学术研究提供有力支持。

二是开放共享政策。

克利夫兰艺术博物馆是首批实施"开放访问"政策的博物馆之一。与大都会艺术博物馆的做法相似，它将其公共领域藏品的数字图像和元数据以CC0协议（无版权限制）向公众开放，支持免费下载、分享和二次创作，极大地促进了文化资源的共享与传播，吸引了全球范围内的艺术家、教育工作者和研究人员积极参与，推动了艺术文化的普及和创新。

三是多层次数字平台建设。

克利夫兰艺术博物馆的官方网站提供了强大的在线检索功能，用户可以通过关键词、年代、地域等多种方式快速定位目标藏品，并查看其高清图像和详细背景信息。博物馆的在线数据库收录了数万件藏品的高清图像和详细信息，支持多语言检索和免费下载，为学术研究提供了重要资源，也吸引了全球观众的广泛关注。

四是移动端应用。

为了提升用户的移动端体验，克利夫兰艺术博物馆开发了多款移动应用程序，其中，"Art Lens"系列应用尤为受欢迎。这款应用提供了虚拟导览、藏品解读和互动体验等功能，让观众能够随时随地欣赏和学习博物馆的藏品。通过"Art Lens"应用，观众可以扫描艺术品，获取详细的背景信息和互动内容，获得个性化的观展体验。

五是沉浸式体验与教育创新。

克利夫兰艺术博物馆注重为观众提供沉浸式的观展体验和教育创新服务。为了提升观众的参观体验，克利夫兰艺术博物馆不断探索和创新展览方式。该博物馆在一楼展厅安装了一块巨大的可互动触摸屏，给观众提供了一种全新的欣赏绘画和雕塑作品的方式。这块触摸屏宽达40英尺（约12.2米），占据了展厅的一面墙。一进博物馆，巨幅作品迎面而来，极为壮观。当观众站在这块触摸屏前时，他们会被屏幕上密密麻麻的贺卡中大大小小的图像所吸引。这些图像并不是随意地排列组合，而是将展厅内的3000多件藏品全部以缩略图的形式呈现出来，观众只需要轻轻触摸屏幕，就可以浏览这些藏品的缩略图，快速找到自己感兴趣的作品。这种直观、便捷的浏览方式，让观众在短时间内就能对展厅内的藏品有一个全面的了解。

除了浏览藏品缩略图外，观众还可以通过触摸屏了解展品在博物馆的实际位置。屏幕上会显示一张博物馆的平面图，观众可以清晰地看到展厅的布局和每件展品所在的位置。这种功能对于初次参观博物馆的观众来说非常实用，他们可以根据屏幕上的提示，规划自己的参观路线，避免错过任何一件心仪的作品。

克利夫兰艺术博物馆的数字化服务不仅限于触摸屏。该博物馆为教育工作者和学生提供了丰富的教育资源，包括教学工具包、视频课程和互动学习模块，这些资源支持全球范围内的艺术教育。该博物馆还为观众提供了定制的iPad设备，里面预装了丰富的藏品信息和相关录像。在整座博物馆内，观众都可以借助iPad来学习藏品中的信息，只需要拿起iPad，就可以随时随地了解自己感兴趣的作品的创作年代、背景等详细信息。iPad还能播放与展品相关的录像，可以让观众更加直观地感受作品的魅力和内涵。

克利夫兰艺术博物馆还设置了一些有趣的互动装置，其中一项就是能让参观者模仿展品摆pose的体感互动装置。观众可以选择自己最喜欢的展品，之后站在装置前摆出与展品相似的姿势。这种互动方式不仅增加了参观的趣味性，也让观众更加深入地了解了作品的艺术风格和表现手法。此外，克利夫兰艺术博物馆还允许观众根据自己最喜欢的展品列表来规划参观路线，并且这些路线还可以与其他观众共享。这种个性化的服务不仅让观众能够更加自主地安排自己的参观行程，同时促进了观众之间的交流和分享。

克利夫兰艺术博物馆还积极与科技公司、文化机构和公众开展跨领域合作，推动技术融合和创新。该博物馆与微软、谷歌等科技巨头合作，利用人工智能（AI）和机器学习技术优化藏品分类与推荐系统。通过 AI 技术，该博物馆能够更准确地识别和分析藏品的特征，为观众提供更个性化的推荐服务。克利夫兰艺术博物馆也加强了与其他博物馆和文化机构的数字资源共享，推动全球文化遗产的互联互通。通过与其他机构的合作，不断拓展藏品的来源和创新展示方式，为观众提供更多元化的文化体验。

克利夫兰艺术博物馆在文物数字资源开发与利用方面的成功实践，为国内博物馆提供了以下宝贵的经验借鉴。

一是推动开放共享，释放文化资源价值。

国内博物馆可以借鉴克利夫兰艺术博物馆的"开放访问"政策，将部分藏品的数字资源以开放版权的方式向公众开放，促进文化资源的共享与传播。通过开放共享，博物馆可以拓宽藏品的传播渠道，提高藏品的知名度和影响力，同时可以吸引更多观众和研究人员关注和研究博物馆的藏品。

二是加强技术应用，提升用户体验。

克利夫兰艺术博物馆通过巨大的可互动触摸屏、iPad 学习工具和体感互动装置等数字化技术，为观众提供了沉浸式文化体验。国内博物馆可以引入类似技术，打造虚拟展厅和互动导览系统，提升观众的参观体验。同时，博物馆还可以利用人工智能、大数据等技术优化藏品分类和推荐系统，为观众提供更个性化的服务。

三是注重教育功能，开发多元化教育资源。

克利夫兰艺术博物馆为教育工作者和学生提供了丰富的在线资源，支持全球范围内的艺术教育。国内博物馆可以借鉴这一做法，开发针对不同年龄段和教育需求的数字教育资源，如教学工具包、视频课程和互动学习模块等。通过数字化教育资源的开发和应用，博物馆可以拓宽艺术教育的渠道，推动艺术教育的普及和创新。

四是深化跨界合作，构建数字生态体系。

克利夫兰艺术博物馆通过与科技公司、文化机构和公众的广泛合作，构建了一个开放的数字生态体系。国内博物馆可以借鉴这一模式，推动跨界合作与资源共享。通过与互联网企业、高校和研究机构建立长期合作关系，共同开发数字化项目和技术应用，推动博物馆的数字化转型和创新发展。

五、德国法兰克福古代雕塑博物馆

在德国法兰克福这座充满历史与现代交融气息的城市中，隐藏着一处艺术的瑰宝——法兰克福古代雕塑博物馆。这座博物馆不仅是一座艺术的殿堂，还是一部活生生的雕刻历史书，它以丰富的藏品和独特的展陈方式，吸引着来自世界各地的艺术爱好者前来探寻。

走进博物馆，首先映入眼帘的是那约3000件雕塑藏品，它们静静地伫立在展柜中、墙壁上，甚至伫立在某些特定的展示区域里，仿佛跨越了时空的界限，与观众进行着一场无声的对话。这些雕塑藏品涵盖了从古埃及文明到古典主义风格的漫长历史时期，约5000年的雕刻艺术在这里得到了淋漓尽致的展现。古埃及的雕塑作品以其神秘和庄严著称，它们或是法老的雕像，或是守护神的神像，每一刀每一刻都透露出古埃及人对生死、对神祇的敬畏和崇拜。随着时间的推移，雕塑艺术逐渐发展，古希腊、古罗马时期的雕塑则以其人体的完美比例和生动表情赢得了世人的赞誉。在这里，你可以看到那些曾经只存在于历史课本中的雕塑原作，感受它们所散发出的独特魅力。在数字化转型的浪潮中，法兰克福古代雕塑博物馆积极拥抱新技术，通过系统性的战略规划和创新技术应用，深度开发文物数字资源，为全球观众提供了全新的文化体验。

在全面数字化采集与数据库建设方面，博物馆采用3D扫描、高清摄影和多光谱成像等技术，对馆藏雕塑进行了高精度数字化采集。这些技术能够捕捉到雕塑的每一个细节，包括表面的纹理、颜色的变化以及微小的损伤等。目前，博物馆已将超过2000件雕塑作品数字化，这些作品涵盖了古希腊、古罗马、中世纪和文艺复兴时期的代表性作品。数字化采集完成后，该博物馆建立了全面的数字档案库。这个数据库不仅存储了雕塑的高清图像和3D模型，还记录了雕塑的年代、作者、材质、历史背景等详细信息。数据库支持多语言检索和高清图像浏览，为学术研究和公众查询提供了极大的便利。

在沉浸式体验与互动展示方面，博物馆的展陈方式也别具一格。为了满足观众近距离观展的需要，博物馆特别设置了藏品展示墙。这些展示墙不仅设计精美，而且布局合理，使得每一件雕塑都能得到充分的展示。同时，博物馆还引入了互动触摸屏技术，观众只需轻轻一点，就可以获取关于藏品的详细信息，包括雕塑的年代、作者、材质、历史背景等，让观展变得更加便捷和有趣。除了互动触摸屏，博物馆还支持使用iPad获取藏品信息。这一创新性的举措，使得观众可以更加自由地探索博物馆，无论是在哪个角落，只要拿出 iPad，就能随时了解到自己感兴趣的雕塑作品的相关信息。这种科技与传统的结合，不仅提升了观众的观展体验，也让博物馆变得更加现代化和亲民。

为了拉近与观众的距离，博物馆还设置了体感互动装置。观众可以站在特定的区域，通过模仿展品的姿势来与雕塑进行互动。这种独特的体验方式不仅让观众更加深入地了解了雕塑的形态和动作，也让他们在模仿的过程中感受到了雕塑艺术的魅力和乐趣。此外，博物馆还允许观众自行规划参观路线，参观自己最喜欢的展品。这一举措充分尊重了观众的个性和选择，使得每个人都可以根据自己的兴趣和喜好来定制自己的观展路线。而且，观众还可以将自己的参观路线分享给朋友或家人，让他们也能一起感受到这份艺术的魅力。

在数字资源运用方面，博物馆推出了"Digital Liebieghaus"数字平台，将馆藏雕塑的高清图像、3D模型和背景资料整合到一个在线数据库中。观众可以通过该平台自由浏览和下载雕塑的高清图像和3D模型，支持多角度查看和细节放大功能。这一平台不仅为学术研究提供了重要资源，还吸引了全球观众的广泛关注。许多学者、艺术家和爱好者都通过这个平台获取到了他们所需的资料和信息。博物馆利用VR技术打造了"Virtual Sculpture Garden"项目，将古代雕塑作品放置在一个虚拟的花园环境中。观众可以通过VR设备自由探索和互动，仿佛置身于一个真实的雕塑花园中。这一项目为观众提供了沉浸式的文化体验，使他们能够以全新的视角欣赏古代雕塑艺术，同时了解了其历史背景和文化意义。

博物馆还开发了"AR Sculpture Viewer"增强现实应用，用户可以通过手机或平板电脑将雕塑作品投射到现实环境中，并查看详细的背景信息和互动内容。这种应用极大地提升了观众的参与感和体验感，使他们能够以更加直观和互动的方式了解雕塑艺术。无论是在家中、学校还是公共场所，观众都可以随时使用这个应用来欣赏和学习雕塑作品。

博物馆通过数字化技术，将"Ancient Sculpture in Focus"特展搬上了网络。这个在线展览提供了高清图像、视频解说和互动地图等丰富的内容，让观众在家中就能够欣赏到特展的精华。通过互动地图，观众可以了解雕塑的地理分布，感受不同地域和文化的雕塑艺术魅力；同时，视频解说也为观众提供了深入了解每件作品的历史背景和文化意义的途径。

德国法兰克福古代雕塑博物馆以其丰富的藏品、独特的展陈方式和现代化的科技手段，为观众呈现了一场跨越五千年的雕刻艺术之旅。在这里，每个人都可以找到属于自己的艺术天地，感受到雕塑艺术所带来的无尽魅力和启示。在文物数字资源开发与利用方面，德国法兰克福古代雕塑博物馆的实践成果斐然，通过高精度数字化采集、沉浸式体验开发、数字资源跨界合作与资源共享等措施，成功地将传统文化遗产与现代科技相结合，为公众提供了更加丰富、便捷的文化服务。

六、史密森尼国家自然历史博物馆

史密森尼国家自然历史博物馆（Smithsonian National Museum of Natural History，简称NMNH），作为全球知名的自然历史博物馆，其馆藏之丰富、历史之悠久，无不令人叹为观止。馆内珍藏着1.4亿件珍贵文物，这些文物不仅见证了地球漫长岁月的变迁，也承载着人类文明的智慧与探索。

NMNH并未满足于仅仅作为一座实体的文物宝库，而是紧跟时代步伐，于21世纪初开启数字化转型之路，通过高科技手段，提升文物的可访问性和研究价值，为全球观众带来前所未有的文化体验。为此，NMNH对馆藏文物进行高精度数字化采集。截至目前，已超过1.45亿件文物（含标本）被数字化，涵盖了古生物、矿物、植物、动物等多个领域，构建了一个庞大的数字档案库。这个数字档案库不仅支持多语言检索和高清图像浏览，还为公众查询学术研究资料提供了极大便利。科研人员可以远程访问这些高清图像和3D模型，进行细致的研究和分析；公众则可以通过博物馆的官方网站，轻松浏览这些珍贵的文物资源，感受自然历史的魅力。

2020年，NMNH宣布实施"Smithsonian Open Access"计划，将其公共领域藏品的数字图像和元数据向公众开放。截至目前，已有超过300万件藏品的数字资源可供免费下载和使用，这些藏品涵盖了古生物、矿物、植物、动物等多个类别。

借助文物数字资源，NMNH开创性地开发了整合历史、科学、艺术、文化等多领域的大型教育课程。这些课程的开发者都是来自不同领域的专家学者，他们不仅具备深厚的学术功底，还拥有丰富的教学经验，能够确保课程内容既准确严谨又生动有趣。在课程的设计和开发过程中，博物馆还不断根据公众的需求和反馈，对课程进行调整和优化，以确保其内容设计始终保持在教育领域的前沿。这些教育课程的内容并非简单的文物展示或知识普及，而是涵盖了数万个示例和数字材料，通过多元化的教学方式，满足各年龄阶段学习者的需求。无论是对自然界充满好奇的小朋友，还是渴望深入了解科学原理的青少年，抑或是希望拓宽知识视野的成年人，都能在这里找到适合自己的学习内容。这种全方位、多层次的教育体系，不仅体现了博物馆对公众教育的深刻理解和高度重视，也展现了其在数字时代的创新精神和前瞻视野。

除此之外，该博物馆还推出了"Q?rius"①互动教育平台，为教育工作者和学生提供了丰富的在线资源。这个平台不仅支持自然科学的普及与深化，还吸引了全球范围内的教育工作者和学生参与，成为自然教育的重要资源。通过这个平台，学生可以随时随地学习自然科学知识，培养对自然历史的兴趣和爱好。

在数字化技术的助力下，NMNH的藏品得以以更加生动、直观的方式呈现在公众面前。移动设备、应用软件、社交媒体等现代通信工具的应用，使得人们可以随时随地访问博物馆的数字资源，感受藏品的魅力。无论是通过手机浏览博物馆的官方网站，还是通过应用软件参与博物馆的互动体验，或是通过社交媒体分享自己的学习心得，都能让人们与博物馆建立起更加紧密的联系。

除此之外，NMNH还积极探索增强现实等前沿技术在博物馆教育中的应用。比如，"Skin & bones"增强现实应用，用户可以通过手机或平板电脑将动物骨骼标本投射到现实环境中，并查看详细的背景信息和互动内容。这一应用极大地提升了观众的参与感和体验感，使他们能够以更加直观和互动的方式了解动物骨骼的结构和功能。博物馆利用VR技术打造了"Deep Time"虚拟展览，将古生物化石和古代生态环境以沉浸式的

---

① "Q?rius"是史密森尼国家自然历史博物馆（NMNH）面向青少年推出的沉浸式科学教育创新互动空间，这个名称插入问号"?"，形象直观地展现了科学探究中的"提问"行为，并且巧妙融合了"Question"（提问）和"Curious"（好奇），这个命名表达的是通过提问和动手实践来深化对科学的认知。

方式呈现给观众。观众可以通过VR设备自由探索古代生物的生态环境，了解地球演化的历程。这种身临其境的学习方式不仅极大地激发了观众的学习兴趣，也让他们更加深刻地理解了自然历史的奥秘。

NMNH在数字化时代的背景下，凭借丰富的馆藏资源、创新的教育理念和先进的技术手段，创设了一个成熟完备、具有全球引领力的"线上"教育体系。这个体系不仅为公众提供了便捷、高效的学习方式，也让公众更加深入地了解了自然历史的魅力与价值。

七、英国维多利亚与艾尔伯特博物馆

英国维多利亚与艾尔伯特博物馆，作为全球顶尖的艺术与设计博物馆，其馆藏之丰富、品类之繁多，堪称一绝。馆内珍藏着超过450万件珍贵文物，这些文物不仅跨越了千年的历史长河，还涵盖了从古代文明到现代设计各个时期的风格，是人类艺术与智慧的结晶。

对于如此庞大的文物宝藏，维多利亚与艾尔伯特博物馆并未满足于仅仅作为它们的守护者，该博物馆认识到，文物的真正价值不仅在于其物质形态，还在于它们所承载的历史、文化和艺术信息，以及它们能够激发人们的好奇心和创造力。

在全面数字化采集与数据库建设方面，维多利亚与艾尔伯特博物馆已完成120多万件藏品的高清数字化采集，涵盖多个类别。这些数字化资源被整合到"V&A Collections"在线数据库中，支持多语言检索和高清图像浏览。研究人员和公众可以通过该平台自由浏览和下载艺术品的高清图像和3D模型，为学术研究和公众查询提供了极大便利。其中"V&A Collections"在线数据库是博物馆数字化资源建设的重要成果之一。该数据库将馆藏艺术品的高清图像、3D模型和背景资料整合到一个在线平台中，为观众提供了便捷的查询和浏览服务。观众可以通过该平台自由浏览和下载艺术品的高清图像和3D模型，进行多角度查看和细节放大。这一平台不仅为学术研究提供了重要资源，还吸引了全球观众的广泛关注。

在文物保护方面，维多利亚与艾尔伯特博物馆不仅采用了最先进的保护技术，还注重对文物的预防性保护，确保它们能够在未来的岁月里继续熠熠生辉。在文物保护的同时，该博物馆还积极探索将文物保护与课程开发有效结合的途径，并利用馆藏资源开发了一系列富有创意和教育意义的课程，让公众在欣赏文物之美的同时，也能深入了解其背后的历史、文化和艺术价值。

为了让全球公众都能方便地接触到这些珍贵的文物和课程，维多利亚与艾尔伯特博物馆还建立了官方网站，将官方网站作为博物馆数字化服务的重要窗口。网站提供了丰富的在线资源，包括高清图像、视频解说和虚拟展览等，全球观众可以通过网站远程访问博物馆的馆藏和展览，感受艺术品的魅力。

特别是"Design 1900-Now"等在线展览，通过高清图像、视频解说和互动地图等多种形式，让观众能够全面了解艺术品的地理分布、历史背景和文化意义。网站还设立了"藏品搜索"功能。通过这个功能，公众可以轻松地搜索和浏览博物馆的馆藏，无论身处何地都能感受到文物的魅力。这种虚拟方式的服务，打破了地域和时间的限制，也让博物馆的教育功能得到了更广泛的发挥。

维多利亚与艾尔伯特博物馆还创新性地利用了"众包"途径来增强与公众的互动。他们发动社区观众上传自己拍摄的文物图片，通过这种方式，不仅丰富了博物馆的藏品展示，也让公众更加积极地参与到博物馆的建设中来。这种"众包"的方式，不仅增强了公众的参与感和归属感，也让博物馆更加贴近公众的生活，成为他们文化生活中的一部分。此外，维多利亚与艾尔伯特博物馆还非常注重与公众的交流和反馈，他们鼓励公众对上传的图片进行评论和打分，并通过反馈报告来了解公众的需求和意见。这种开放和包容的态度，不仅让博物馆更加了解公众的需求和喜好，也让公众更加信任和支持博物馆的工作。

英国维多利亚与艾尔伯特博物馆在文物保护与教育方面做出了创新

融合。他们不仅注重文物的预防性保护，还利用馆藏资源开发富有创意和教育意义的课程；他们不仅建立网站提供虚拟服务，还利用"众包"途径增强与公众的互动；他们不仅鼓励公众参与和反馈，还积极倾听并根据反馈改进自己的工作。这些举措不仅让维多利亚与艾尔伯特博物馆成为全球顶尖的艺术与设计博物馆，也让其成为公众文化生活中不可或缺的一部分。

　　根据近些年的文献整理和技术交流研讨会，笔者了解到上述国外博物馆在文物数字化开发方面的经典案例，归纳总结后如表3-1所示：

表3-1　国外代表性博物馆文物数字化案例整理

序号	博物馆	文物数字资源开发情况	文物数字资源利用情况
1	巴黎卢浮宫	馆藏资源40万件以上，近3.5万件的藏品在其官方网站上公开展示，开发了囊括100多件博物馆珍藏艺术作品	开发了移动端应用程序，实现了"口袋中"的博物馆。利用文物数据开发3D虚拟参观、三维互动地图、智能路线等多个应用程序，观众观展"不迷路"
2	大英博物馆	馆藏资源800万件以上，其中250万件的藏品在大英博物馆网站上呈现，提供了非常详细的在线检索藏品功能，方便观众及时查询。采用"众包"模式完成对馆藏"青铜时代"系列文物相关数据的数字化处理	开发了语音导航和地图应用程序，开发了一个基于增强现实技术的应用程序；形成的数据开放授权下载，并利用数据对文物进行3D建模，借助虚拟现实设备展示
3	大都会艺术博物馆	馆藏资源300万件以上，向公众提供逾40万张高清珍贵的艺术资料免费下载。建设数字化藏品馆，藏品和文献资料经计算机扫描，分类整理，发布上网，可供全球学者检索、阅读、浏览	推出"The Met"智能手机应用程序，实现人机互动、实时问答

续表3-1

序号	博物馆	文物数字资源开发情况	文物数字资源利用情况
4	克利夫兰艺术博物馆	馆藏资源43000件以上,提供3000多件展品详细信息及其在博物馆的实际位置	利用藏品展示墙和互动触摸屏满足观众近距离观展需要,支持iPad获取藏品信息,设置体感互动装置,观众可以模仿展品摆pose,可以自行策划参观路线参观自己最喜欢的展品,并分享参观线路
5	德国法兰克福古代雕塑博物馆	约3000件雕塑藏品,展示了从古埃及到古典主义风格的约5000年的雕刻历史	运用全自动高速3D扫描仪,记录藏品的几何形状、表面特征,判断它们的光学材料性质(如反射和吸收特性等),其制作出来的3D图像非常逼真
6	史密森尼国家自然历史博物馆	馆藏1.4亿件,借助文物数字资源开发了整合历史、科学、艺术、文化,涵盖数万个示例和数字材料的大型教育课程,满足各年龄阶段的学习需求	借助移动设备、应用软件、社交媒体、增强现实等技术,还原藏品组成,为公众提供丰富藏品信息。创设成熟完备、具有全球引领力的"线上"教育体系
7	英国维多利亚与艾尔伯特博物馆	馆藏超过450万件,注重对文物的预防性保护,将文物保护与课程开发有效结合起来	网站建立"藏品搜索",通过虚拟方式服务全球公众,并利用"众包"途径发动社区观众上传图片,通过反馈报告增强互动

通过巴黎卢浮宫等国外博物馆的典型案例,我们可以清晰地看到国外博物馆在文物数字资源建设方面的探索与实践路径。这些博物馆从文物数字化这一基础环节入手,通过高精度扫描、三维建模、虚拟现实等先进技术,将馆藏文物转化为数字形式,不仅保留了文物的原始风貌,还为其后续的数字化展示与互动打下了坚实的基础。

在数字藏品达到一定规模后，国外博物馆开始根据自身的特点和定位，借助各种科技手段，实现博物馆与观众之间的深度互动。以克利夫兰艺术博物馆为例，他们通过安装可互动的触摸屏，让观众能够以直观、便捷的方式浏览和了解展厅内的藏品信息。观众只需轻轻一点，就能获取文物的详细信息、历史背景以及相关故事。这种创新的展示方式不仅提升了文物的对外展示效果，还极大地增强了观众的参观体验感。观众不再只是被动地接受信息，而是可以主动地选择自己感兴趣的作品进行深入了解，甚至通过触摸屏规划自己的参观路线，实现个性化观展。

除了触摸屏等互动装置外，国外博物馆还充分利用iPad、智能手机等移动设备，以及社交媒体、在线平台等渠道，为观众提供更加便捷、个性化的数字化服务。观众可以通过这些设备随时随地获取藏品的详细信息，观看相关录像，参与"线上"互动活动，甚至与博物馆的专家和其他观众进行实时交流。这种服务模式的创新，不仅满足了观众多样化的观展需求，还进一步拓展了博物馆的教育和传播功能，使博物馆成为一个更加开放、包容、互动的文化空间。

在肯定国外博物馆文化数字资源建设成果的同时，我们也应看到其中存在的一些不足和挑战。从建设内容上看，虽然国外博物馆在文物数字资源的利用方面涌现出了许多成功案例，但对于如何做好文物数字资源的开发，介绍得相对较少。这可能是因为文物数字资源的开发涉及多个领域和学科，如信息技术、文物保护、历史学、艺术学等，需要跨学科的合作和深入的研究；同时，文物数字资源的开发还需要考虑文物的特殊性，如保护、版权、隐私等问题，这使得开发过程更加复杂和艰难。因此，这方面的经验和知识往往难以被简单地总结和传播。

另外，从文物数量上来看，尽管国外博物馆已经积累了大量的数字藏品，但相比于其庞大的馆藏资源来说，可供展示的数字藏品比例仍然偏低。究其原因，文物数字化是一个耗时耗力的过程，需要投入大量的人力、物力和财力；同时，一些珍贵的文物可能由于保护、版权、技术限制等原因而无法进行数字化处理或公开展示。此外，数字藏品的制作和展示也需要考虑到观众的需求和兴趣，以确保其吸引力和教育价值。因此，如何进一步提高数字藏品的比例和质量，仍然是国外博物馆面临的重要课题。

综上所述，国外博物馆在文物数字资源建设方面已经取得了显著的成果，但仍存在许多问题和挑战需要解决。随着技术的不断进步和观众需求的不断变化，国外博物馆需要继续探索和创新文物数字资源的开发方式和利用模式，以满足观众日益多样化的观展需求，推动博物馆事业的持续发展。同时，他们也需要加强国际合作和交流，共同推动文物数字资源建设的全球化进程，让更多的人能够享受到博物馆带来的文化魅力和精神滋养。

第二节　国内博物馆行业文化数字资源开发利用情况分析

国内博物馆文化资源数字化建设相较于国外起步晚，但随着我国文物保护政策的深入实施，以及高新技术在博物馆领域的逐步推广与融合，国内博物馆的数字化进程经历了从网上博物馆、数字博物馆到智慧博物馆的嬗变，取得了令人瞩目的成果。

在文物保护政策的有力推动下，国内博物馆首先开启了网上博物馆的探索。这一阶段，博物馆通过建立官方网站，将馆藏文物以图片、文字等形式呈现在网络上，使观众能够跨越时空限制，随时随地欣赏到博物馆的珍贵藏品。网上博物馆的建立不仅拓宽了博物馆的传播渠道，也增强了博物馆的社会影响力。

　　随着数字技术的不断发展，数字博物馆应运而生。数字博物馆在网络博物馆的基础上，进一步利用三维扫描、虚拟现实等先进技术，将文物进行数字化还原和展示，使观众能够身临其境地感受文物的魅力。数字博物馆的出现，极大地丰富了博物馆的展示手段，提升了观众的参观体验。

　　智慧博物馆则是博物馆数字化建设的最新阶段。2015年，国家文物局启动了智慧博物馆试点工作，广东省博物馆、四川博物院、甘肃省博物馆、内蒙古博物院、金沙遗址博物馆、苏州博物馆、山西博物院等7家单位相继成为试点单位。智慧博物馆以物联网、大数据、云计算等先进技术为支撑，实现了博物馆保护管理、服务等方面的智能化升级。这一阶段的博物馆数字化建设，不仅注重文物的数字化展示，也强调博物馆和观众之间的互动与交流以及博物馆文化的传承与创新。

　　在这个过程中，笔者积极参与了博物馆数字化建设项目。在项目建设过程中，笔者不断接触并掌握了各类博物馆高新技术，如三维扫描、虚拟现实、增强现实等。为了更深入地了解博物馆数字化建设的前沿动态，笔者还走访了国内各大博物馆，与同行们进行了深入交流与探讨。

　　在走访和交流的过程中，笔者重点对故宫博物院、敦煌研究院、苏州博物馆、浙江省博物馆等多家博物馆的文物数字资源开发和利用情况进行了深入了解。这些博物馆在文物数字化方面取得了显著成果，不仅建立了庞大的数字藏品库，还开发了多种数字化展示手段，如虚拟展览、在线互动等，极大地提升了文物的展示效果并改善了观众的参观体验。

　　筛选国内博物馆的典型案例，笔者对国内博物馆文化数字资源建设的特点进行了深入分析，发现国内博物馆在文物数字化建设方面注重技术创新与实际应用相结合，不断推动数字化技术在博物馆领域的广泛应用。同时，博物馆也注重文物数字资源的开发与利用，既注重数字藏品的积累与保护，也注重数字资源的活化与利用，为观众提供了更加丰富、多元的博物馆文化体验。下面，将逐个分析这些代表性博物馆在文化数字资源开发利用方面的具体做法。

一、故宫博物院

　　故宫博物院，作为中华文明的"瑰宝库"，承载着丰富的历史与文化遗产。随着数字化时代的到来，故宫博物院积极探索文物数字资源的开发与利用，不仅实现了文物保护"永久保存"的目标，还通过技术赋能与文化创意，使文物"活"起来。

　　故宫博物院现有馆藏文物约186万件，其数字化工作取得了显著进展。截至2024年5月，已完成约92万件文物的基础数字化采集，占比近50%。这一庞大的数字化工程，为文物的保护、研究、展示和传播奠定了坚实的基础。故宫博物院计划每年完成7万～8万件文物的数字化采集任务，逐步实现所有馆藏文物的"数字身份"留存，确保每一件文物都能在历史的长河中留下永恒的印记。除了文物的数字化采集，故宫博物院还积极推进古建筑的三维模型数据库建设。目前，已覆盖全部开放区域和部分非开放区域，通过"全景故宫"等项目实现"线上"虚拟游览。"全景故宫"不仅让观众能够身临其境地感受故宫的宏伟壮丽，也为古建筑的保护和研究工作提供了宝贵的数字资源。

　　在文物资源的开发方面，故宫博物院始终走在我国文博行业的前列。为了规范文物数字资源的采集、加工、存储和利用过程，故宫博物院建立了一系列标准规范和指标体系。这些标准规范和指标体系不仅确保了文物数字资源的质量和准确性，还为后续的文物信息管理和利用提供了有力支撑。基于这些标准规范和指标体系，故宫博物院建设了多个文物信息资源数据库，包括文物基础信息数据库、文物提用信息数据库、文物修复信息数据库、文物影像数据库和文物视音频数据库等。这些数据库涵盖了文物的各个方面，从基础信息到修复记录，从影像资料到音视频资料，形成了完整的文物信息体系。依托这些数据库，故宫博物院能够全面、系统地管理和利用文物数字资源，为各项工作提供便捷、高效的服务。

在业务系统开发方面，为了满足文物管理和利用的需求，故宫博物院开发了文物管理信息系统、文物流通与出入库管理系统、文物修复管理系统等一系列业务系统。这些系统不仅提高了文物管理的效率和准确性，还为文物的保护、研究和展示提供了有力的技术支持。例如，文物修复管理系统能够记录文物的修复过程和结果，为文物修复工作提供精准可靠的数据支撑，从而有效提高文物修复工作的效率和质量。

故宫博物院的影像资源检索系统实现了文物影像资料的快速检索和浏览，满足了观众在线检索和浏览高清影像资料的需求。观众只需要在系统中输入关键词，就能够迅速找到相关的文物影像资料，欣赏到文物的精美细节并感受到其独特魅力。该系统的开发，不仅方便了观众的研究和学习，也促进了文物文化的传播和交流。其中"数字文物库"是故宫博物院推出的一个公开平台，已公开10.4万件文物的高清影像，年增1.5万～2万件。这些高清影像不仅为学术研究提供了宝贵资料，也为公众欣赏和学习故宫文物提供了便捷途径。此外，"数字文物库"还推出了多语种版本，以满足国际观众的需求，推动了中国文化的国际传播。

在文物数字资源的利用方面，故宫博物院更是充分发挥了其海量数据的优势，创新文物展示模式，让文物和档案"活"起来。故宫博物院利用三维模型数据、高精度影像数据、视音频数据等永久性数据资源，为文物实体修复提供了精准可靠的数据支撑。"数字多宝阁"是故宫博物院推出的一个三维模型展示项目，收录了400余件文物的三维模型，支持360°无死角观察。观众可以通过鼠标或触摸屏自由旋转、缩放文物，欣赏到文物的每一个细节。此外，故宫博物院还推出了"故宫名画记"系统，上线超高清书画影像超1000件，最高分辨率达69亿像素，支持无限缩放和学术标注，为书画研究和鉴赏提供了极大便利。这些数据资源不仅能够帮助修复人员更好地了解文物的原始状态和修复过程，还能够为文物的保护和展示提供有力的技术支持。

故宫博物院还积极借助高新技术手段，充分挖掘文物的历史价值和文化内涵，通过虚拟现实（VR）、增强现实（AR）等先进技术，创建了一系列具有创新性和互动性的文物展示项目。例如，"每日故宫"APP，每天为观众推送一件故宫珍宝的高清影像和详细信息，让观众能够随时随地欣赏到故宫的精美藏品。而"韩熙载夜宴图"APP则通过数字技术手段，将这幅古代名画以全新的方式呈现在观众面前，让观众能够身临其境地感受古代宴会的繁华和热闹。此外，故宫博物院还推出了"故宫陶瓷馆"等APP，让观众能够在线浏览故宫陶瓷馆的精美藏品，了解陶瓷的历史和文化。这些APP不仅拉近了观众与博物馆的距离，实现了"指尖"博物馆的愿景，还让观众能够更加方便地了解和欣赏故宫的珍贵文物。

端门数字馆是故宫博物院在传统文化与现代科技相融合方面的一次创新尝试。这个数字馆通过大型高沉浸式投影屏幕、虚拟现实头盔、体感捕捉设备、可触摸屏等多种先进技术，将观众带入一个虚拟的故宫世界。在这里，观众可以走进虚拟世界中的养心殿，感受古代皇宫的庄严和华丽。通过AI、VR、语音图像识别等多种先进技术，观众还可以与朝中重臣自由对话，全方位鉴赏珍贵文物，体验穿越时空的沉浸感。这种创新的展示方式不仅让观众能够更加深入地了解故宫的历史和文化，还增强了观众的参与感和互动性。

除了创新文物展示模式外，故宫博物院还充分利用文物数字资源开发了一系列"网红"文创产品。这些文创产品以故宫的珍贵文物为灵感来源，结合现代设计理念和工艺技术，打造出了具有独特魅力和文化内涵的创意产品。这些文创产品不仅让故宫的文化与老百姓的生活紧密联系起来，还让传统文化基因在现代社会中焕发出新的生机和活力。例如，故宫博物院推出的"故宫口红"系列文创产品就受到了广大消费者的喜爱和追捧。这些口红以故宫的珍贵文物为设计元素，将传统美学与现代时尚完美结合，打造出了具有独特魅力和文化内涵的美妆产品，让消费者在享受美妆的同时，也能够感受到故宫文化的深厚底蕴和独特魅力。

二、敦煌研究院

自20世纪90年代起，敦煌研究院便携手各大科研院所，共同踏上了探索敦煌数字化工程的征途。数字化工程不仅是对传统文化遗产保护方式的革新，而且是对敦煌这一世界文化遗产进行深度挖掘和广泛传播的重要途径。在文物数字资源开发领域，敦煌研究院经过数十年的不懈努力，已经形成了一套适应石窟不可移动特性的完备的文物数字化技术规范体系。这一体系包括多光谱成像（MSI）、三维激光扫描（精度达0.03 mm）、高精度摄影建模等技术，为文物的数字化采集提供了强大的技术支持。

在数字化资源的积累方面，敦煌研究院取得了令人瞩目的成果。仅以壁画数据为例，其数据量已经达到了惊人的70TB，并且这一数字还在逐年大幅增加。这些海量的数据，是敦煌研究院对壁画进行高保真数字化采集的成果。截至目前，研究院已经完成了110个洞窟的高保真壁画数字化采集工作，每一个细节都被精准地捕捉并记录下来。此外，该研究院还对40个洞窟进行了整窟的高保真数字化图像处理，使得这些珍贵的壁画得以更加生动、真实地呈现在世人面前。除了壁画的数字化采集和处理，敦煌研究院还积极推进了其他方面的数字化工作。他们利用先进的技术手段，完成了110个360°虚拟漫游全景节目的制作，让观众能够身临其境地感受敦煌石窟的魅力。

同时，敦煌研究院还对20余尊敦煌石窟重点彩塑进行了三维重建，使得这些彩塑的三维形态得以完整保留和展示。莫高窟、榆林窟等大遗址的三维重建数据也被一一收录，为后续的研究和展示工作提供了宝贵的资源。这些永久的海量数据资源，构成了敦煌研究院"数字敦煌"项目的基石。它们不仅为项目的深入实施提供了有力的数据支撑，也为敦煌文化的广泛传播和深度挖掘开辟了新的途径。

敦煌研究院在文物数字化方面非常注重公众服务的创新，"数字敦煌"资源库中英文版，让全球观众能够随时随地欣赏到敦煌文物的精美图像并体验虚拟漫游。截至目前，"数字敦煌"资源库的访问量已突破2000万次。此外，研究院还建立了VR体验中心，年接待量超50万人次，让观众能够身临其境地感受敦煌石窟的魅力；移动端小程序也实现了日均10万次的访问量，进一步拓宽了敦煌文化成果的传播渠道。

在文物数字资源的利用方面，敦煌研究院依托国家发展改革委批准立项的"敦煌莫高窟保护利用工程"，创建了敦煌莫高窟数字展示中心。敦煌莫高窟数字展示中心不仅是"敦煌莫高窟保护利用工程"的重要组成部分，也是甘肃省重点建设项目之一，它的建成和投入使用，标志着敦煌文化的展示方式迈上了一个新的台阶。数字展示中心的建设周期长达6年，其中包含了项目申报、批复以及后续的设计和施工等多个环节。在此过程中，敦煌研究院克服了重重困难，最终成功地将这一现代化的展示中心呈现在世人面前。该项目绝大多数经费采用自筹的方式，这体现了敦煌研究院对数字化展示工作的坚定决心和巨大投入。香港电讯盈科有限公司承接了数字展示中心数字化建设部分的设计工作，他们凭借先进的技术和丰富的经验，为展示中心的数字化建设提供了有力支持。

在数字展示中心内，观众可以欣赏到一系列以敦煌文化为主题的数字化展示作品，其中最为引人注目的，莫过于真实三维空间模型1：1逼真还原出的实景洞窟第220窟。这一洞窟通过沉浸式的展示方式，让观众仿佛置身于千年前的敦煌石窟之中，能感受到那份古老而神秘的气息。此外，敦煌研究院还运用多媒体技术制作了全球首部8K实景球幕电影《梦幻佛宫》。这部电影以8K高清画质和球幕的展示方式，将敦煌石窟的壮美景象和深厚文化底蕴完美地呈现在观众眼前。除了《梦幻佛宫》外，敦煌研究院还制作了《舍身饲虎》《玄奘取经》等动画作品以及《千年莫高》主题电影。这些作品以生动的画面和感人的故事，让观众在短短几十分钟内对历经千年的敦煌文化有了深入的了解和认识，不仅增加了观众的信息获取量，还提升了莫高窟的游客接待量，有效地缓解了莫高窟文物保护与旅游开发之间的矛盾。在数字展示中心的运营和维护方面，敦煌研究院也投入了大量的精力和资金，每年的设备和中控系统维护保养费就高达400万元，确保了展示中心的正常运行和设备的良好状态。同时，他们还采用了私有"云"的方式进行数据存储，确保了数据的安全性和可靠性。

除了运用高科技手段进行数字化展示外，敦煌研究院还积极探索了壁画图像的语义标注工作。他们对壁画画像的信息进行了详细的语义标注，使得这些画像不仅具有视觉上的美感，还蕴含了丰富的文化内涵和历史信息。壁画画像的语义标注工作为后续的壁画研究和展示工作提供了更加便捷和深入的途径。此外，敦煌研究院还利用元数据开发了壁画交互式数字叙事系统，通过元数据的关联和整合，实现了壁画信息的交互式展示和叙事。观众可以通过该系统，更加直观地了解壁画的历史背景、文化内涵以及艺术价值等方面的信息。这一系统的开发和应用不仅提升了观众的参观体验，也为敦煌文化的传播和普及提供了新的方式和途径。

敦煌研究院运用采集、处理、展示和传播等数字化手段，将敦煌这一世界文化遗产生动、真实、便捷地呈现在世人面前。在认知计算领域，研究院取得了显著突破，目前正在构建的莫高窟知识图谱已包含120万个实体节点，为文物的认知计算提供了坚实的数据支撑，这将为研究院继续深化认知计算的研究与应用，为文物数字化保护与传承注入更多智能技术动力。下一步，敦煌研究院策划的"元宇宙"基建项目，将打造100平方千米的数字孪生保护区，将文物数字化与"元宇宙"技术紧密融合，为观众带来更加沉浸式的参观体验；而在智能修复方面，基于网络的残缺壁画补全系统已进入实测阶段，为文物数字化修复开辟了新思路。未来，敦煌研究院将继续加强智能修复技术的研究与应用，为文物保护与传承贡献更多力量。这些创新的举措不仅为敦煌文化的保护与传承开辟了新路径，也为全球文化遗产的数字化工作提供了有益借鉴。

三、苏州博物馆

苏州博物馆，作为一座承载着深厚历史文化底蕴的现代化博物馆，长期致力于博物馆的信息化、数字化、智慧化建设。在科技日新月异的今天，苏州博物馆紧跟时代步伐，积极探索博物馆发展的新模式、新路径，努力将传统文化与现代科技相融合，为观众提供更加便捷、高效、多元的参观体验。

2014年，苏州博物馆凭借其前瞻性的视野和扎实的准备工作，成功成为国家文物局指定的全国首批智慧博物馆试点单位之一。这一机遇不仅是对苏州博物馆过去工作的肯定，也是对其未来智慧化建设方向的指引和鞭策。2015年，苏州博物馆智慧博物馆建设项目正式启动，标志着博物馆在数字化、智慧化道路上迈出了坚实的一步。

在智慧博物馆建设的过程中，苏州博物馆始终坚持以藏品资源为核心，搭建起一个协同高效的管理平台。这个平台通过规范业务流程、提高工作效率，将博物馆的各个子系统紧密地连接在一起，打破了以往"数据孤岛"的局面，实现了大数据的统一管理和分析。这样的管理模式不仅提升了博物馆的运营效率，还为后续的数字化保护工作提供了有力的数据支持。

为了更好地服务观众，苏州博物馆先后推出了多款数字化产品。其中，"苏州博物馆导览"APP成为观众参观时的得力助手。这款APP不仅提供了详细的展品介绍和导览路线，还融入了AR（增强现实）技术，让观众在参观过程中能够享受到更加沉浸式的体验。基于微信端的语音导览系统，则让观众在无须下载额外应用的情况下，就能通过微信轻松获取展品信息。此外，苏州博物馆还开发了微信小程序和H5小游戏等数字化产品，为观众提供了多角度、多元化的展示服务。这些数字化产品的推出，不仅丰富了观众的参观体验，也提升了博物馆的知名度和影响力。

苏州博物馆的智慧博物馆建设并不是一蹴而就的，而是经过精心规划和逐步实施的。在原有的业务系统基础上，博物馆进行了有效的改进和集成，通过8个子系统来实现智慧化管理的目标。这8个子系统分别是数字化资源管理子系统、数字化观众管理子系统、陈列展览管理子系统、门户平台子系统、文物修复保护管理子系统、文创产品管理子系统、门户后台管理子系统以及APP微信后台管理平台。每个子系统都承担着不同的职责，共同构成了苏州博物馆智慧化管理的完整体系。

在数字化保护方面，苏州博物馆做了大量细致而深入的工作。首先，通过文物本体信息化采集，苏州博物馆对每一件文物都进行了详细的记录和描述，包括文物的名称、年代、材质、尺寸、来源等基本信息。这些信息被录入数字化资源管理子系统中，为后续的文物管理和研究提供了便利。其次，苏州博物馆还利用三维扫描技术对文物进行三维模型扫描，生成了高精度的文物三维模型。这些三维模型不仅可以用于文物的虚拟展示和修复模拟，还可以为文物的数字化保护提供强有力的技术支持。此外，博物馆还对古籍进行了扫描和数字化处理，将珍贵的古籍资源转化为数字形式，方便观众在线查阅和研究。

在馆藏管理方面，苏州博物馆通过信息化手段对文物的出入库、借阅、展示等流程进行了规范和管理，这不仅提高了文物管理的效率和准确性，还确保了文物的安全性和完整性。同时，博物馆还利用数字化技术对展陈展示进行了创新和改进，为观众提供了更加生动、直观的展览体验。

在观众管理方面，苏州博物馆通过数字化观众管理子系统对观众的参观行为进行记录和分析，这些数据不仅可以帮助博物馆了解观众的参观习惯和偏好，还可以为博物馆的运营和服务提供有力的数据支持。此外，苏州博物馆还为观众提供了博物馆移动应用以及参观预约服务，便于观众第一时间获取博物馆的信息和服务。

但是，在数字化建设的过程中，苏州博物馆也面临一些问题和挑战。其中，相关数字化保护软件功能不完善、深度不够是较为突出的问题。这些问题的存在不仅满足不了日益迫切的文物数字化保护的需要，也影响了博物馆数字化建设的进程和效果。为了解决这些问题，苏州博物馆积极采取措施，对数字化建设进行了深入的梳理和规划。

首先，该博物馆对文物保护的信息化需求进行了全面的梳理和分析，明确了数字化建设的目标和方向；其次，该博物馆整合了现有的数字化建设基础，充分利用已有的资源和技术优势，为后续的数字化建设提供了有力的支撑。在此基础上，苏州博物馆形成了具备高可扩展性和环境适应性的文物数字化保护体系。这个体系能够快速分析海量数据，并进行智能决策辅助，为博物馆的运营和管理提供了有力的支持；通过多维度展现公众行为感知和高度融合公众与文物的交互，提升了观众的参观体验感和满意度。

四、浙江省博物馆

浙江省博物馆作为浙江省内规模最大的综合性人文科学类国家一级博物馆，承载着厚重的历史与文化底蕴。其馆藏文物数量庞大，达十万余件，涵盖了各个历史时期和文化领域的珍贵遗产。面对如此丰富的文物藏品，浙江省博物馆一直在努力探索如何更好地展示和利用这些宝贵的文化资源。

为了满足观众对文物观赏的需求，浙江省博物馆不断拓展实体展厅的面积，先后建立了西湖馆区、孤山馆区、武林馆区，展厅面积扩展至一万平方米。这些馆区的建设，不仅为观众提供了更加宽敞、舒适的观赏环境，也使得更多的文物得以与公众见面。然而，尽管展厅面积不断扩大，但仍然难以满足观众日益增长的文物观赏需求。

由于文物数量众多，而展厅空间有限，即使通过轮流展出的方式，文物展出率仍然相对较低，许多珍贵的文物只能长期存放在库房中，无法与观众见面。这不仅限制了文物价值的发挥，也让观众错过了许多难得一见的文物珍品。为了解决这个问题，浙江省博物馆开始积极寻求新的展示方式，利用高新技术来突破实体展厅的限制。

在第一次全国文物普查的基础上，浙江省博物馆已经建立了文物数字档案。但是，随着科技的不断发展，该博物馆意识到仅有数字档案是不够的，还需要进一步提升文物的数字化水平。因此，浙江省博物馆开始着手采集每一件文物的高清二维图片，建立更加完善的文物电子档案。这些高清图片不仅记录了文物的外观特征，还保留了文物的细节信息，为观众提供了更加真实、细致的观赏体验。

近些年，浙江省博物馆积极借助外界力量，与高校等科研机构展开合作，共同推动文物的数字化建设。其中，与浙江大学、浙江电子科技大学的合作项目尤为突出。通过项目合作的方式，博物馆将3D虚拟技术融入藏品的数字化建设中，为文物的数字化展示提供了新的可能。在合作过程中，浙江省博物馆充分利用了高校在科研和技术方面的优势，采用了非接触式扫描技术和高清拍摄相结合的方式，对文物进行了全面的数字化采集。这种采集方式不仅保证了文物的安全，还提高了采集的精度和效率。以7000年前新石器时代的河姆渡文化陶器为例，浙江省博物馆成功采集了15件陶器的三维数据，为这些珍贵的文物建立了数字化"身份证"。

除了河姆渡文化陶器外，浙江省博物馆还利用激光扫描技术和多图像技术对其他类型的文物进行了数字化采集。这些技术不仅提升了文物采集的精度，还使得文物的数字化运用更加灵活多样。例如，博物馆制作完成了30多个漆器类的3D模型，这些模型达到了肉眼观察所无法企及的2亿像素的精度。这样的高精度模型不仅为文物的研究和保护提供了有力的支持，也为观众的观赏提供了更加细腻、更加真实的体验。

在文物数字化藏品达到一定数量后，浙江省博物馆开始着手开发馆内藏品管理系统。这个系统实现了文物藏品的模糊检索功能，使得观众可以方便快捷地查询文物藏品的关联信息。通过输入关键词或者选择相应的分类，观众就可以轻松找到感兴趣的文物，并获取详细的文物信息和图片资料。藏品管理系统的开发不仅提高了博物馆的管理效率，也为观众的观赏提供了更加便捷的途径。观众无须亲自到博物馆，就可以通过官方网站或者移动应用浏览馆内的文物藏品。这种"线上"观赏的方式不仅打破了时间和空间的限制，还让观众可以随时随地欣赏到博物馆的珍贵文物。

除了"线上"观赏外，浙江省博物馆还充分利用数字藏品资源，以技术创新为核心动力，打造了"浙博云"智慧平台。该平台集成了区块链确权与边缘计算架构，创新推出了虚拟策展系统。通过这一系统，博物馆不仅将基本陈列和临时陈列搬到了"云"上，使观众能够通过官方网站360°全景观赏孤山馆区、武林馆区的11项基本陈列，以及2006年至今的所有全景式临时陈列和各类专题展览，还极大地丰富了观众的观赏体验，拓展了博物馆的展示空间。虚拟展览的推出，让观众在足不出户的情况下就能领略到博物馆的魅力，也为博物馆的宣传和推广提供了新途径，使更多人能够了解到博物馆的文物藏品和文化内涵。除了博物馆自主推出的数字化展览，"浙博云"智慧平台还支持用户自主生成"线上"展览作品，至今已产生了3200余件作品，形成了全民参与的文化共创生态。

此外，平台构建了包含50万个节点的文物知识图谱，开创了智能化导览的新范式。在体验维度上，博物馆也在不断创新。例如，"南宋风物沉浸式剧场"项目，通过融合LBS定位与全息投影技术，设计了12条引人入胜的故事线，让观众能够化身历史角色，与剧场中的元素进行互动，这种创新的体验模式使观众的驻留时间延长至传统展览的3.8倍。而良渚玉琮王"MR"项目，则利用虚实叠加的数字孪生技术，为观众带来了前所未有的视觉盛宴，并因此荣获全球 5G 应用金奖。

总的来说，浙江省博物馆在数字化建设方面取得了显著的成效。通过采集高清二维图片、建立文物电子档案、与高校合作开展 3D 虚拟技术采集等方式，成功地将大量文物数字化，为观众的观赏提供了更加便捷、真实的体验。同时，博物馆还开发了馆内藏品管理系统，并打造了一系列虚拟展览，进一步拓展了博物馆的展示空间和宣传途径。

五、南京博物院

南京博物院，作为中国历史悠久、规模宏大的综合性博物馆之一，不仅承载着深厚的文化底蕴，而且在数字化时代的大潮中勇往直前，将传统与现代巧妙结合，为观众带来前所未有的参观体验。这座博物馆藏品数量超过 40 万件，每一件都是历史的见证者，诉说着过往的故事，传承着文化的脉络。

为了让这些珍贵的文物更好地走进公众视野，南京博物院充分利用数字技术，通过其官方网站对外发布了高达 11898 件文物的数字藏品信息。这些信息详尽而全面，不仅包括了高清的文物图片，让观众能够细致入微地欣赏文物的每一个细节，还提供了文物实体的尺寸、外形描述以及文物的产地等背景资料。这样的数字化展示方式，打破了时间和空间的限制，使得无法亲临博物馆的观众也能在网络上领略文物的魅力，感受中华文化的博大精深。

除此之外，南京博物院还贴心地提供了社交媒体分享功能。观众在浏览文物数字藏品时，可以轻松地将自己感兴趣的文物信息分享到微信、微博、QQ 等社交媒体平台，与亲朋好友共同分享这份文化盛宴。这种互动式的传播方式，不仅增强了观众的参与感和归属感，也让文物的传播范围更加广泛，让更多的人能够了解到中华文化的独特魅力。

在数字化建设方面，南京博物院完成了对 12 万件旧档案资料的信息化处理，将这些原本沉睡在纸张上的历史记忆，转化为便于检索、易于传播的数字信息。此举不仅极大地提高了档案资料的利用效率，也为学术研究、文化交流等提供了更为便捷的资料支持。南京博物院还特别注重观众的服务导览和数字体验。他们推出了"身边的博物馆"导览服务，通过智能化的导览系统，为观众提供个性化的参观路线和解说服务，让观众在博物馆中能够有的放矢地欣赏到自己感兴趣的文物。同时，博物馆还配备了高精度恒温恒湿及空气净化系统，为文物的保存和展示提供了最为适宜的环境条件，确保了文物的安全和长久保存。此外，南京博物院还引入RFID藏品全流程管理系统，实现了对藏品从入库、管理到展出的全流程跟踪和管理。这一系统的应用大大提升了藏品管理的效率，为博物馆的藏品资源管理体系提供了强有力的技术支持。

最值得一提的是，南京博物院还打造了中国首家实体的纯数字展厅。在数字展厅里，观众可以通过虚拟现实（VR）、增强现实（AR）等先进技术，身临其境地感受到文物的历史场景和文化氛围。这种全新的展览方式，不仅让观众在视觉上得到了极大的满足，也在心灵上受到了深深的震撼和洗礼。

南京博物院在数字化时代的探索和实践，不仅让观众能够更加便捷地欣赏到文物的美，也让博物馆的管理和服务更加高效和智能化。这座博物馆正以其独特的魅力和创新的精神吸引着越来越多的观众前来参观和学习。

六、上海博物馆

上海博物馆，这座坐落于繁华都市中的文化瑰宝，不仅以其宏大的建筑规模和丰富的文物藏品吸引着世界各地的游客，而且在数字化管理的道路上勇立潮头，成为国内博物馆数字化管理的先驱。该馆拥有14万件珍贵文物的基本数据库，如何更好地管理和利用这些文物数据，成为上海博物馆发展的重要课题。

2018年，上海博物馆数据中心的正式建成，标志着博物馆管理方式的一次革命性飞跃。作为国内第一家博物馆数字化管理平台，数据中心如同博物馆的"中枢神经"，整合了馆内所有文物的翔实信息，包括文物的来源、年代、材质、尺寸、工艺、历史背景等，形成了一个庞大而有序的数据库。这个数据库不仅为博物馆的日常工作提供了极大便利，也为文物的智慧化展示奠定了坚实的基础。

依托数据中心，上海博物馆可以随时调用馆藏各类文物数据，对文物的利用状况进行全面掌握。无论是文物的展览、研究、修复，还是教育推广，都可以通过这个平台获取准确、及时的数据支持。这种数字化的管理方式，不仅提高了工作效率，还确保了文物数据的准确性和完整性，为博物馆的长期发展提供了有力的保障。上海博物馆并没有满足于仅仅建立一个数字化管理平台，而是进一步利用算法挖掘和人工智能解析等先进技术，实现了藏品基本数据与研究数据的关联和数据图景的可视化呈现，这为文物的展示和传播提供了更多的可能性。

其中，"董其昌数字人文综合展示系统"就是上海博物馆数字化管理的一个突出成果。董其昌作为明代著名的画家和书法家，他的艺术作品和艺术思想对中国绘画史产生了深远影响。在过去，观众只能通过实体展览或相关书籍来了解董其昌的艺术成就，而这种方式往往受限于时间和空间。而现在，通过"董其昌数字人文综合展示系统"，观众可以随时随地在网络上欣赏到董其昌的精品画作和书法作品，还可以了解到他的生平事迹、艺术风格、交游圈子等丰富信息。这个综合展示系统不仅展示了董其昌的艺术成就，还通过数据关联和可视化呈现，揭示了董其昌艺术背后的历史脉络和文化内涵。这种跨领域、跨时空的展示方式，让观众在欣赏艺术的同时，也能够更深入地了解历史和文化，感受到数字化技术为博物馆带来的无限可能。

上海博物馆的数字化管理实践，不仅为文物保护和研究提供了新的思路和方法，还为观众带来了更加丰富、多元的文化体验，它的成功经验也为国内其他博物馆提供了有益的借鉴和启示。

七、成都"锦点"公共文化服务网络平台

在数字化时代浪潮的推动下，成都市积极探索公共文化服务的新模式，倾力打造了"锦点"公共文化服务网络平台。这一平台利用最新的数字化信息技术、空间信息测绘技术、三维信息化展示技术，将成都丰富的文化遗产资源以全新的方式呈现给公众，为文化旅游带来了革命性的变化。

成都，这座历史悠久的城市，拥有众多的博物馆、不可移动文物和珍贵文物资源。以往传统的文化旅游形式往往受限于时间和空间，使得公众难以全面、深入地了解和欣赏这些文化遗产。为了打破这一局限，"锦点"平台应运而生，它将成都113座博物馆、6354处不可移动文物、14213件珍贵文物资源通过网络与公众进行无缝分享，让文化遗产触手可及。

在"锦点"公共文化服务网络平台的构建过程中，高科技的运用起到了至关重要的作用。其中，三维激光扫描技术是一项关键的技术手段。通过对文物进行三维激光扫描，可以精准地获取文物的三维数据，为后续的虚拟展示提供准确的模型基础。这种技术不仅保证了文物模型的精度，还大大提高了文物数字化的效率。除了三维激光扫描技术，720°全景影像结合点云技术也为"锦点"公共文化服务网络平台增添了独特的魅力。通过这项技术，公众可以在网络上身临其境地浏览博物馆的每一个角落，感受文物的真实存在。无论是古老的陶器、精美的瓷器，还是宏伟的建筑、独特的雕塑，都可以在720°全景影像中得到完美的展示。此外，无人机航摄技术的运用也为"锦点"公共文化服务网络平台带来了全新的视角。通过无人机航拍，可以捕捉到城市的历史文化街区、历史建筑的全貌，为公众提供了一种俯瞰城市历史的方式。这种独特的视角不仅让公众对城市的历史文化有了更深入的了解，也激发了他们保护和传承文化遗产的热情。

基于这些高科技技术，"锦点"公共文化服务网络平台建设了虚拟博物馆、历史文化街区、历史建筑以及临时展厅等多个板块。虚拟博物馆让公众可以在网络上随时随地参观博物馆，欣赏文物之美；历史文化街区和历史建筑的虚拟展示，则让公众在足不出户的情况下，就能领略到成都深厚的历史文化底蕴；而临时展厅则为公众提供了更多元化的文化展览选择，满足了他们不同的文化需求。

"锦点"公共文化服务网络平台的推出，不仅为公众提供了更加便捷、高效的文化旅游方式，也为文化遗产的保护和传承提供了新的思路和方法。通过数字化技术的运用，文化遗产得到了更好保护和传播，让更多的人有机会了解到成都丰富的历史文化。

笔者通过文献整理、技术交流研讨会、现场调研，对以上国内具有代表性的博物馆文物数字化建设案例归纳总结，如表3-2所示：

表3-2　国内代表性博物馆文物数字化案例整理

序号	博物馆	文物数字资源开发情况	文物数字资源利用情况
1	故宫博物院	拥有藏品180万件以上，已完成180万件文物信息编目和近万件文物影像资料采集，影像资源达百万张，各类文物数字信息总量已达40T，已建立与资源采集、加工、存储、利用相关的一系列标准规范和指标体系，建设了多个文物信息资源数据库	开发一系列业务系统，创建文物信息检索功能，利用文物采集永久性数据资源为文物实体修复提供精准可靠的数据支撑，开发文物修复管理系统，开发"每日故宫""韩熙载夜宴图""故宫陶瓷馆"等APP应用，创建数字多宝阁、端门数字馆，开发一系列网红文创产品
2	敦煌研究院	已经形成一整套适合石窟不可移动特点的文物数字化技术规范体系；积累了大量数字化资源，仅壁画数据量就已达	借助海量数据，通过真实的三维空间模型1:1逼真还原出实景洞窟第220窟，运用沉浸式展陈方式创作全球首部

续表3-2

序号	博物馆	文物数字资源开发情况	文物数字资源利用情况
2	敦煌研究院	到70TB，并逐年大幅增加；已完成110个洞窟的高保真壁画数字化采集、40个洞窟的整窟高保真数字化图像处理以及110个360°虚拟漫游全景节目、20余个敦煌石窟重点彩塑的三维重建，还有莫高窟、榆林窟等大遗址的三维重建数据等	8K实景球幕电影《梦幻佛宫》，运用多媒体技术制作《舍身饲虎》《玄奘取经》动画作品，以及《千年莫高》主题电影，通过"敦煌艺术走出莫高窟——数字化成果展"集中呈现；对壁画画像的信息进行语义标注，利用元数据开发壁画交互式数字叙事系统
3	苏州博物馆	收集大量文物信息，包括文物元数据信息、多媒体信息以及三维模型信息，为进一步开展文物数字化保护工作打下了良好基础	通过信息化手段管理博物馆的业务流程，包括文物出入库管理、观众管理、办公管理等，同时面向观众提供博物馆移动应用以及参观预约服务
4	浙江省博物馆	馆藏文物达10万余件，建立起文物电子档案，采集了每件文物的高清二维图片以及相关的视频、音频等多媒体文件，开发了馆内藏品管理系统，积极探索将3D虚拟等技术融入藏品数字化，与浙江大学合作制作了30多个漆器3D模型	采用激光扫描仪技术与多图像技术结合应用，提高了文物3D模型精确度，应用更广，至今已有全景式数字展览近30个
5	南京博物院	拥有藏品40万件以上，通过官方网站对外发布和展示11898件文物的数字藏品信息，包括文物图片、文物实体、尺寸外形、文物产地，并可以分享到微信、微博、QQ等社交媒体；完成12万件旧档案资料信息化	特色建设内容包括身边的博物馆（导览）、高精度恒温恒湿及空气净化系统、RFID藏品全流程管理系统和中国首家实体的纯数字展厅，总体满足了观众的服务导览、数字体验，管理上构建了可靠的藏品收藏保护和高效的藏品资源管理体系

序号	博物馆	文物数字资源开发情况	文物数字资源利用情况
6	上海博物馆	拥有超过14万件文物的基本数据,2018年建成上海博物馆数据中心,成为国内第一家博物馆数字化管理平台。依托数据中心,可随时调用馆藏各类文物数据,并对文物的利用状况进行全面掌控,为文物藏品智慧化展示提供了数据支撑	利用算法挖掘、人工智能解析,实现藏品基本数据与研究数据的关联和数据图景的可视化呈现,基于关联数据设计而成的经典案例——"董其昌数字人文综合展示系统",在文博界产生了较大影响力
7	成都"锦点"公共文化服务网络平台	利用最新的数字化信息技术、空间信息测绘技术、三维信息化展示技术,把成都113座博物馆、6354处不可移动文物、14213件珍贵文物资源通过网络与公众进行分享	基于三维激光扫描技术、720°全景影像结合点云技术、无人机航摄技术等高新技术,建设了虚拟博物馆、历史文化街区、历史建筑以及临时展厅,将对传统的文化旅游形式带来革命性变化

通过以上故宫博物院、敦煌研究院、苏州博物馆、浙江省博物馆等案例,我们可以深刻感受到我国博物馆在文物保护工作方面所付出的努力与取得的显著成果。在文物数字资源的开发与利用上,我国博物馆已经迈出了坚实的步伐,取得了较为丰硕的成就。我国博物馆已充分认识到,数字化不仅是文物保护的一种新手段,还是让文物"活"起来,与广大观众建立紧密联系的重要途径。

在文物数字化过程中,我国博物馆充分利用了现代科技的力量。3D技术、增强现实(AR)技术、虚拟现实(VR)技术以及移动互联网等先进技术的融入,使得文物与观众之间的互动变得更加多元和便捷。观众不再仅仅是通过玻璃展柜或展板来远距离欣赏文物,而是可以通过手机、平板电脑等设备,近距离地观察文物的每一个细节,甚至"走进"历史场景中，与文物进行"面对面"的交流。这种多渠道的互动方式，极大地提升了观众的观展体验，让文物不再是冷冰冰的历史遗物，而是充满了故事感的文化瑰宝。

为了更好地管理和利用这些数字资源，博物馆还开发了数字资源管理系统和藏品管理系统。这些系统不仅实现了对文物数字资源的分类、保存、检索等基本功能，还为博物馆的业务工作提供了有力的支持。通过这些系统，博物馆工作人员可以更加高效地处理文物信息，为展览、研究、教育等各项活动提供丰富的素材和依据。同时，这些系统也为观众提供了更加便捷的查询方式和服务，让观众能够更加方便地了解博物馆的藏品和文化内涵。

在文物研究领域，博物馆也开始尝试数据关联和可视化操作，以人物或事件为主题，开发知识图谱系统，将馆藏的文物资源、档案资源、研究成果等关联起来，形成一个完整的知识体系。这种做法不仅有助于深入挖掘文物的历史价值和文化内涵，还能够为观众提供更加全面、系统的知识服务。通过知识图谱系统，观众可以更加直观地了解到文物之间的关联和渊源，从而更加深入地理解历史和文化。这种对文物数字资源的"智慧化"分析展示，是博物馆数字化建设到一定阶段后的必然结果。随着数字化技术的不断发展和完善，博物馆将能够更加深入地挖掘和利用文物数字资源，为观众提供更加丰富、多元的文化体验。同时，这种"智慧化"的分析展示也将为博物馆的业务工作带来新的机遇和挑战，推动博物馆在文物保护、研究、教育等方面取得更加显著的成就。

但是我国在博物馆数字化建设的过程中，也暴露出了一些共性问题，其中最为突出的就是数字文博复合型人才的匮乏。文物数字化建设需要既懂文物又懂技术的复合型人才来支撑，但这样的人才在当前市场上相对稀缺。许多博物馆在推进数字化建设时，往往面临着人才短缺的困境。

在项目经费方面，博物馆也面临着一定的压力。比如，数字化建设需要大量的资金投入，包括设备购置、技术开发和人员培训等。许多博物馆的经费有限，无法完全依托外界科技公司的力量来完成项目建设和后期维护。在这种情况下，博物馆只能依靠自身的人力资源来推进数字化建设，但这往往难以满足文物数字资源可持续性建设的需要。

此外，市场化的招投标机制也给博物馆的数字化建设带来了一定挑战。在招投标过程中，一些不了解博物馆业务，但是精通招投标规则的科技公司可能会承接博物馆的业务。在项目实施过程中，由于这些公司对博物馆的业务需求和特点缺乏深入了解，往往会出现种种问题。比如，科技公司可能无法准确理解博物馆的数字化需求，导致开发出的系统或平台无法满足博物馆的实际工作需要；科技公司在项目实施过程中缺乏与博物馆的有效沟通，导致项目进度滞后或质量不达标等问题。这些问题的存在不仅影响了博物馆数字化建设的进度和质量，也给博物馆的业务工作带来了一定困扰。

第四章　博物馆文化数字资源开发与利用中的问题及思考

第三章通过国内外文博单位文化数字资源开发利用实践的典型案例，展现了数字技术在文化遗产活化领域的创新成果与显著成效。在充分肯定技术赋能价值的背景下，本章将重点审视当前文化数字资源在开发与利用进程中的制约短板：从顶层设计战略规划的体系性缺失，到数据管理的标准化不足；从数字资源转化的低效困境，到技术人才支撑不足的瓶颈。

通过系统剖析这些共性挑战，探索构建可持续发展的长效解决机制，为博物馆数字化转型提供更具前瞻性的实践路径。

第一节　剖析文化数字资源
开发利用中的问题

国内外代表性博物馆的案例分析中，有一个显著的共性：在文物数字资源的利用方面，无论是国内还是国外的博物馆，都高度重视借助高新技术来对外展示其珍贵的藏品与文化遗产。这一共性体现了博物馆界对数字化时代潮流的积极响应，以及对于提升观众体验、拓宽文化传播渠道的不懈追求。但是，在细致比较之下，笔者也发现了国内外博物馆在文物数字资源利用方面存在的若干差异，这些差异不仅反映了不同文化背景下的博物馆运营理念，也揭示了数字化进程中各自的发展路径和侧重点。

首先，国外博物馆在文物数字资源的利用上，展现出了一种强烈的资源整合和跨界合作的意识。他们不仅仅满足于将文物数字化，而且致力于构建一个"泛在化"的博物馆环境，即让博物馆的存在超越实体空间的限制，实现"无处不在"。这种理念的核心在于如何让观众方便快捷地获取博物馆的信息和资源。为此，国外博物馆积极与教育机构、科研机构、文化企业等多领域的合作伙伴携手，共同开发数字化平台和应用，将文物的数字资源融入人们的日常生活和学习之中。例如，通过移动应用、在线展览、虚拟现实体验等多种方式，观众可以随时随地探索博物馆的藏品，了解背后的历史故事和文化内涵，从而极大拓展了博物馆的服务范围并提升了影响力。在文物数字资源的共享方面，国外博物馆也做得较为出色。他们认识到，文物的数字资源不仅是博物馆的宝贵财富，也是全人类共同的文化遗产。因此，他们积极推动文物数字资源的开放共享，鼓励跨机构、跨地域的合作与交流。这种开放的态度不仅促进了文物数字资源的有效利用，也激发了更多创新性的研究和应用。

其次，国外博物馆非常重视文物数据的标准化建设。他们深知，数据是数字化时代的核心资源，而数据的标准化则是实现数据共享和互操作的基础。因此，国外博物馆在采集文物数据的过程中，始终遵循统一的标准和规范，确保数据的准确性和一致性。更重要的是，他们不会让采集到的数据仅仅停留在保存阶段，而是致力于实现跨系统的灵活调用。这意味着，不同博物馆之间的文物数据可以相互衔接和融合，形成一个庞大的文物数字资源库，为研究和展示提供了无限可能。这种做法有效地打破了"系统孤岛"现象，促进了文物数字资源的整合和共享。相比之下，国内博物馆在文物数据的标准化建设方面还有一定的提升空间。虽然近年来国内博物馆也加大了文物数字化的建设力度，但在数据标准和规范方面还存在一定的差异和不足，这导致了不同博物馆之间的文物数据难以实现有效共享和互操作，限制了文物数字资源的共享利用。因此，国内博物馆需要加强在这方面的研究和实践，推动文物数据的标准化建设，为文物数字资源的整合和共享奠定坚实的基础。

再次，国外博物馆在文物的研究和挖掘上，注重发挥集体智慧。他们开放文物信息不仅仅是为了展示和传播，也是为了吸引更多的人参与进来，共同探索和研究文物的历史和文化价值。这种开放的态度和鼓励参与的做法，有助于文物背后历史脉络的延伸和历史空白的碎片化拼接。通过"众包"、社区参与等方式，国外博物馆激发了公众对文物的兴趣和热情，也汇聚了来自不同领域的专业知识和智慧，为文物的保护和研究提供了更多的可能性和创新思路。

综上所述，国内外博物馆在文物数字资源的利用方面既存在共性，也存在差异。国外博物馆在资源整合、跨界合作、数据标准化建设和集体智慧发挥方面展现出了先进的理念和丰富的实践经验，值得国内博物馆学习和借鉴。同时，国内博物馆也需要结合自身的实际情况和发展需求，不断探索和创新文物数字资源的利用方式和方法，为文化遗产的保护和传承贡献更多的力量。通过国内外案例分析和比较，作者发现国内博物馆在文物数字资源开发与利用上的短板和不足，主要体现在以下几个方面：

一、顶层设计有待完善

在数字化浪潮的推动下，我国博物馆文化数字资源建设已取得了令人瞩目的进展。这一进程不仅为文化遗产的保护、研究和传播注入了新的活力，也为公众提供了更加便捷、丰富的文化体验方式。但当我们深入剖析这一进程时，不难发现，我国博物馆在文物数字资源建设上虽然取得了显著成就，但仍存在诸多不足，尤其是顶层设计和科学规划的缺失，成为制约其进一步发展的因素。

顶层设计作为引领博物馆文化数字资源建设的宏观框架，其重要性不言而喻，而当前我国博物馆往往过于关注眼前的急难愁盼问题，致力于解决局部的痛点，而忽视了长远发展的战略考量。这种短视行为导致博物馆在数字资源建设上缺乏整体性和系统性，科学规划也相对匮乏。主要表现在以下方面：

（一）新旧系统规划和建设上的脱节问题日益凸显

新旧系统规划和建设上的脱节问题，是顶层设计缺失的一个直接体现。数字化建设初期，由于技术、资金、人才等多方面的限制，很多博物馆采取了分步实施、逐步推进的策略。这种策略在一定程度上缓解了博物馆数字化建设的压力，使得博物馆能够在有限的资源条件下，逐步推进数字化进程，但是，在这一过程中却忽视了一个至关重要的问题，即新旧系统之间的数据互联互通问题。

博物馆的数字化建设是一个长期而复杂的过程，不可能一蹴而就。因此，在数字化建设初期，许多博物馆往往只是先引入一些基础的系统和设施，以满足基本的数字化需求。但是，随着技术的不断发展和博物馆数字化建设的深入推进，这些旧有的系统和设施逐渐无法满足新的需求。于是，博物馆开始引入新的系统和设施，以替代或补充旧有的系统和设施。在这一过程中，新旧系统之间的数据互联互通问题却没有得到足够的重视和提前规划。新旧系统之间的数据壁垒，就像一道道无形的墙，阻碍了数据的高效利用和共享。由于数据无法在新旧系统之间顺畅迁移和整合，博物馆往往需要花费大量的人力、物力和时间来进行数据对接和转换。这不仅增加了博物馆的运营成本，还可能引发数据丢失、数据不一致等风险。更严重的是，当博物馆需要升级或更换系统时，由于数据无法顺畅迁移和整合，整个数字化进程可能会因此陷入停滞或倒退的境地。

（二）文物数据利用计划不明成为突出问题

除了新旧系统规划和建设上的脱节问题外，文物数据利用计划的不明确性也是当前博物馆数字资源建设中的一个突出问题。在文物数字化采集的过程中，很多博物馆缺乏明确的数据利用计划和目标，通常只是盲目地采取"一刀切"的采集方式，对所有的文物都采用相同的采集标准和流程，而文物作为历史的见证者，承载着丰富的历史信息和文化内涵。不同类型的文物具有不同的特点和价值，因此，在数字化采集过程中，应该根据文物的类型和特点，制订有针对性的采集计划和方案。

例如，对于一些珍贵的文物，应该采用高分辨率的扫描设备和技术，以获取更加清晰、准确的数字图像；对于一些易损或脆弱的文物，应该采用非接触式的采集方式，以避免对文物造成损害。由于缺乏明确的数据利用计划和目标，博物馆在数字化采集过程中往往忽视了这一点，只是盲目地追求数字化的数量和速度，而忽视了数字化的质量和效果。这种采集方式虽然在一定程度上满足了博物馆基本的数字化需求，却忽略了文物的多样性和特殊性，导致采集的数据缺乏针对性和实用性。

由于缺乏统一的规划和协调，博物馆也存在重复建设的问题。一些相同的文物被多次采集和数字化，造成了资源的浪费和效率的低下。这种重复建设不仅增加了博物馆的负担，也降低了文物数字资源的整体价值和利用效果。重复建设的问题之所以存在，主要是因为博物馆之间缺乏有效的沟通和协调机制。在数字化建设过程中，每个博物馆都是独立的个体，它们根据自己的需求和计划进行数字化采集和建设，但由于缺乏统一的规划和协调，博物馆之间的数字化建设往往存在交叉和重叠的现象。这不仅浪费了有限的资源，还降低了文物数字资源的整体价值和利用效果。

因此，博物馆之间应该加强沟通和协作，建立有效的信息共享和协作机制。通过信息共享，博物馆可以了解其他博物馆的数字化建设情况和计划，避免重复建设和资源浪费；通过协作机制，博物馆可以共同制定数字化建设的标准和规范，提高数字化建设的效率和质量。

（三）数据采集标准和规范的滞后性成为制约因素

数据采集标准和规范的滞后性也是制约博物馆文化数字资源建设的一个重要因素。随着新技术的不断涌现和应用，文物数字化采集的方式和手段也在不断更新和升级，而与之相配套的数据采集标准和规范却往往滞后于技术的发展，无法满足新技术应用的需求。

数据采集标准和规范是确保文物数字资源质量和可用性的重要保障。只有制定了统一、科学、合理的数据采集标准和规范，才能确保不同博物馆、不同系统之间的数据能够进行有效交换和共享。在当前的数字化建设中，很多博物馆往往忽视了这一点，只是盲目地追求新技术的应用，而忽视了数据采集标准和规范的制定与完善。

这种滞后性不仅影响了数据采集的准确性和一致性，也限制了数据在不同系统之间的互操作性和可共享性。当博物馆需要与其他机构或平台进行数据交换和共享时，由于数据采集标准和规范的不统一，往往需要进行复杂的数据转换和适配工作，这不仅增加了数据交换的难度和成本，还降低了数据交换的效率和准确性。

对此，博物馆应该加强数据采集标准和规范的制定和完善工作，密切关注新技术的发展动态，及时更新和完善数据采集标准和规范，确保其与新技术的发展保持同步。同时，博物馆还应加强与其他机构和平台之间的沟通和协作，共同推动数据采集标准和规范的统一工作。

二、统一数据管理有待加强

进入数字化时代，数据已然成为博物馆运营、研究和服务领域的核心资源。统一数据管理，作为博物馆数字化建设进程中的一项关键组成部分，对于提升博物馆的管理效率、优化观众的服务体验、促进文化的传承与创新，具有举足轻重的意义。通过审视我国博物馆在统一数据管理方面的现状，不难发现仍存在诸多亟待解决的问题。这些问题不仅阻碍了博物馆数据资源的有效利用，也在一定程度上制约了博物馆的长远发展。

（一）决策所需的大数据资源尚待完善

博物馆拥有着海量的历史、艺术和科学数据，但是在决策制定的过程中，博物馆所需的大数据资源显得并不健全和完整。这一问题主要体现在两个方面：

一方面，博物馆在互联网数据的整合能力上存在明显不足。随着互联网技术的日新月异，网络上涌现出了大量与博物馆息息相关的数据，如观众的在线评价、社交媒体上的热烈讨论、在线展览的访问量统计等。博物馆在整合这些互联网数据时，面临着技术、法律和隐私保护等多方面的严峻挑战。技术上的壁垒使得数据的获取和处理变得困难重重，法律上的约束使得数据的合法使用变得谨小慎微，而隐私保护的考量则使得数据的利用变得慎之又慎。这些因素共同作用，导致博物馆无法有效利用大量有价值的数据，从而错失了提升决策科学性和准确性的良机。

另一方面，博物馆在空间数据的整合方面也有待加强。博物馆的藏品、展览、活动等都与空间信息紧密相连，空间数据对于博物馆来说具有极其重要的价值。目前，博物馆在空间数据的采集、处理和应用方面仍存在较大的提升空间。空间数据的缺失或不准确，严重影响了博物馆对观众行为模式的深入分析、对展览布局的科学规划以及对空间利用效率的优化提升。这不仅降低了博物馆的服务质量，也制约了博物馆的创新发展。

（二）博物馆数据管理、数据决策的作用未能得到全面发挥

博物馆作为数据密集型的机构，其数据管理和数据决策的能力直接关系到博物馆的运营效率和服务质量。目前，我国博物馆在数据管理和数据决策方面仍存在一些不足之处。这一问题主要体现在两个方面：

一方面，博物馆缺乏统一的大数据融合机制和平台。由于数据来源的多样性以及数据格式的多样性，博物馆在数据整合和融合方面面临着巨大的挑战。缺乏统一的数据融合机制和平台，使得博物馆无法将来自不同渠道、不同格式的数据进行有效整合和融合，从而导致数据无法实现有效共享和互操作。这不仅限制了数据价值的充分挖掘和利用，也降低了博物馆的决策效率和科学性。

另一方面，博物馆在数据挖掘和分析应用能力方面还有待进一步提升。目前，博物馆的数据分析工作主要停留在描述性统计的阶段，缺乏深入的数据挖掘和预测性分析能力。描述性统计虽然能够揭示数据的基本特征和规律，但无法挖掘出数据背后隐藏的深层信息和潜在趋势，这使得博物馆无法从数据中挖掘出有价值的规律和趋势，无法为决策提供科学、准确的依据。因此，博物馆需要加强数据挖掘和分析应用能力的培养和提升，以便更好地利用数据资源为决策服务。

（三）观众参观数据的收集、管理、反馈尚未形成闭环管理体系

观众是博物馆服务的主要对象，观众参观数据的收集、管理和反馈对于提升博物馆服务体验、满足市场需求具有重要意义。目前，我国博物馆在观众参观数据管理方面仍存在一些亟待解决的问题。这一问题主要体现在两个方面：

一方面，观众参观数据的收集不够全面和准确。由于技术手段的限制以及观众隐私保护的考量，博物馆在收集观众参观数据时面临着诸多困难。例如，一些博物馆可能采用人工记录的方式收集观众数据，这种方式不仅效率低下，而且容易出错；而一些采用技术手段收集数据的博物馆则可能面临数据不准确或缺失的问题，这使得博物馆无法全面掌握观众的参观行为、偏好和需求，无法为服务优化提供有力的数据支持。

另一方面，观众参观数据的管理和反馈机制尚不完善。目前，博物馆在观众数据管理方面缺乏统一的标准和规范，数据存储、处理和分析过程不够规范，这使得博物馆在管理和利用观众数据时面临诸多困难，无法有效挖掘数据的价值。与此同时，博物馆在观众数据反馈方面也存在滞后和不够精准的问题。一些博物馆可能无法及时响应观众的反馈和需求，导致服务质量下降和观众满意度下降；而一些博物馆则可能由于数据分析能力的不足，无法准确识别观众的需求和期望，从而无法提供个性化的服务。因此，博物馆需要建立完善的观众参观数据收集、管理和反馈机制，以确保数据的全面性、准确性和及时性。同时，博物馆还需要加强数据分析能力的培养和提升，以更好地利用观众数据为服务优化和决策提供有力支持。

（四）文物数据的调取仍处于被动取用阶段，文物数据可视化展示尚不充分

文物是博物馆的核心资源，文物数据的调取和可视化展示对于文物研究、保护和传播具有重要意义。目前，我国博物馆在文物数据管理方面仍存在一些问题。这一问题主要体现在两个方面：

一方面，文物数据的调取仍处于被动阶段。由于数据存储、检索和传输技术的限制，博物馆在调取文物数据时往往需要耗费大量时间和精力。这不仅降低了工作效率，也影响了文物数据的及时性和可用性。同时，由于数据调取过程的复杂性和繁琐性，博物馆工作人员可能无法及时获取所需的文物数据，从而无法满足研究、保护和传播等多元化需求。

另一方面，文物数据的可视化展示尚不充分。目前，博物馆在文物数据可视化展示方面的创新性和互动性相对不足。一些博物馆可能只是简单地展示文物的图片或基本信息，缺乏深入解读和互动体验；一些博物馆虽然尝试采用先进的技术手段进行可视化展示，但由于缺乏创新性和设计感，展示效果并不理想。这使得观众无法充分感受文物的历史、艺术和科学价值，也难以激发观众对文物的兴趣和热爱。对此，博物馆需要加强文物数据调取和可视化展示工作的改进和创新。首先，博物馆需要采用先进的技术手段提高文物数据的调取效率和可用性；其次，博物馆需要加强可视化展示的设计和创新，以更好地展现文物的魅力和价值；再次，博物馆还可以尝试将文物数据与观众互动相结合，打造具有创新性和互动性的文物展示体验，让观众在欣赏文物的同时，也能够深入了解文物背后的故事和价值。

三、文物数据的产出效能不高

当前，博物馆这一文化遗产的坚定守护者和积极传播者，正以前所未有的热情拥抱技术变革，将文物数据化视为提升研究、教育、展览展示效能的一把"金钥匙"，并在博物馆数字化方面取得了显著的进展，但文物数据的产出效能并不理想，这在一定程度上制约了博物馆功能的充分发挥和数字化转型的深入推进。文物数据产出效能不高的问题具体表现在以下几个方面：

（一）文物数据在研究方面的产出效能亟待提升

研究文物，就是解读历史的密码，探寻文化的根源和脉络。但实际情况是，在博物馆的数字化进程中，文物数据在研究方面的产出效能却并未得到充分发挥。多数博物馆在将文物纸质档案数字化的过程中，主要采用了平面扫描采集的方式，将纸质档案转换为图片格式进行保存。这种采集方式，虽然实现了文物档案的数字化存储，便于长期保存和远程访问，但并未达到OCR（光学字符识别）技术文字提取的数据采集深度。也就是说，研究人员在利用这些数字化档案进行研究时，仍然需要手动输入或识别图片中的文字信息，这无疑大大增加了研究的工作量和难度。OCR技术，作为一种能够将图片中的文字信息自动提取为可编辑、可搜索的文本数据的先进技术，本应极大地提高研究效率和准确性，而实际情况往往是文物纸质档案存在字迹模糊、褪色、污损等问题，在平面扫描后，没有进一步进行图片修复处理，在OCR技术对于字体、排版、清晰度等要求较高的情况下，该技术在文物档案数字化中的应用并不广泛，这使得文物数据在研究方面的产出效能大打折扣，无法为文物历史研究提供便捷、高效的数据支持。

此外，博物馆在文物数据研究方面的产出效能不高，还与"数据孤岛"现象密切相关。由于博物馆之间的数据共享机制尚不完善，文物数据往往被各自为政的博物馆所垄断，无法形成跨馆、跨领域的数据联动和分析。这种数据割据的现状，严重限制了文物数据的深度挖掘和广泛应用，也严重影响了文物历史研究的全面性和深入性。为了打破这一困境，博物馆需要加强与其他博物馆和研究机构的合作与交流，建立有效的数据共享机制。通过数据共享，可以实现文物数据的跨馆、跨领域联动和分析，从而挖掘出更多有价值的信息和规律。同时，博物馆还需要加大对OCR技术等先进技术的应用力度，提高文物数据的采集和处理效率，为研究工作提供更加便捷、高效的数据支持。

（二）文物数据在教育方面的产出效能有待深入挖掘

博物馆作为公共文化机构的重要组成部分，肩负着传承和弘扬中华优秀传统文化的崇高使命，但在博物馆的数字化转型中，文物数据在教育方面的产出效能却并未得到充分的发挥，这成为一个亟待解决的问题。

目前，博物馆文物数据的利用相对封闭，博物馆与教育部门之间的联动机制尚不完善。文物作为历史的见证者和文化的载体，蕴含着丰富的历史信息和文化内涵，是宝贵的教育资源，本应成为教材编写、课程教学、学生实践等环节的重要支撑，帮助学生更直观地了解历史，感受文化的魅力。

但现实情况却是，博物馆与教育部门之间存在着一定的信息壁垒和数据隔阂。在学习过程中，学生往往只能通过书本上的文字描述和图片来了解文物，缺乏直观的感受和深入的了解。而文物数据作为第一手资料，能够为学生提供更加丰富、翔实的信息，帮助他们更全面地了解文物的历史背景、制作工艺、文化内涵等。博物馆与教育部门之间存在信息壁垒和数据隔阂，文物数据的教育功能并没有得到充分发挥，这导致了文物数据资源的浪费。同时，文物数据的封闭也限制了学生实践活动的开展。如果能够充分利用博物馆的文物数据资源，学生就可以通过虚拟现实（VR）技术、增强现实（AR）技术等手段身临其境地感受文物的魅力，进行更加深入的学习和探索。这样的实践活动不仅能够激发学生的学习兴趣和热情，还能够培养他们的历史素养和文化自信。

为了打破这一困境，博物馆和教育部门需要共同努力，建立有效的联动机制，实现文物数据的共享和利用。博物馆可以主动与教育部门联系，提供文物数据资源和相关支持，帮助教育部门将文物元素融入教材编写和课程设计中；同时，教育部门也可以积极引导和鼓励学校利用博物馆的文物数据资源开展实践教学活动，让学生在实践中感受文化的魅力，增强对传统文化的认同感和自豪感。此外，还需要加大对教师的培训力度，提高他们的文物素养和教学能力。教师可以通过参加培训和学习活动，了解文物数据的重要性和应用价值，掌握利用文物数据进行教学的方法和技巧。这样，他们就能够更好地将文物数据融入课堂教学中，让学生在学习过程中充分接触到丰富的文物数据资源，深入了解文物的历史背景和文化内涵。

（三）文物数据在展览展示方面的产出效能未达理想预期

展览展示是博物馆发挥社会功能的重要途径之一。在数字化时代，博物馆借助文物数据和高新技术结合的手段，期待为观众提供更加生动、沉浸式的展览体验。而实际情况是，尽管博物馆在展览展示方面投入了大量资金和技术力量，但文物数据在展览展示方面的产出效能并未达到理想预期。这一问题主要表现在以下两个方面：

一方面，博物馆在利用高新技术展示文物数据时，往往过于注重形式的生动和技术的炫耀，而忽视了内容的挖掘和呈现。声光电的配合、虚拟现实的体验、互动装置的设置等手段，虽然给观众带来了视觉和感官上的冲击和享受，但博物馆如果没有深厚的文化内涵和丰富的历史故事作为支撑，这些形式上的生动永远无法媲美内容的生动和魅力。观众在参观过程中可能会因为形式的吸引而暂时驻足，但真正能够留下深刻印象和启发思考的，还是文物本身所蕴含的历史信息和文化内涵。

另一方面，博物馆在展览展示方面对文物数据的挖掘和利用还不够深入和全面。文物数据作为展览展示的核心资源和宝贵财富，本应通过深入挖掘文物的历史背景、制作工艺、文化内涵等方面的信息并呈现，从而增强观众的参与感和认同感，让观众在参观过程中获得更加丰富和深刻的体验和感受；但由于博物馆在文物数据挖掘方面的能力和投入有限，这方面做得并不到位。

对此，博物馆需要加强对文物数据的挖掘和利用。在展览策划和设计过程中，要注重对文物数据的深入挖掘和呈现，通过多种形式和手段来展示文物的历史背景、制作工艺、文化内涵等方面的信息。同时，还要注重与观众的互动和交流，设置互动装置和体验环节，让观众在参与中感受文化的魅力，增强对传统文化的认同感和自豪感。此外，博物馆还需要加强对高新技术的研究和应用，根据自身特点和观众需求，合理选择和应用高新技术，将其与传统展示手段相结合，打造更加生动、沉浸式的展览体验。

四、文物数据开发与利用的"软件"短板

在数字化浪潮席卷全球的今天，文物数据的开发与利用已成为推动博物馆事业发展的重要引擎，而这一进程的顺利推进并非博物馆内部人

员所能轻易达成的目标，它亟须一支跨学科的、具备全面知识与技能的人才队伍作为坚实后盾。当前，我国在文物数据开发与利用领域正面临着"软件"方面的明显不足，即人才队伍建设滞后和技术翻译者角色缺失的问题，这在很大程度上制约了文物数据价值的充分释放和深度挖掘。

（一）文物数据开发与利用的人才队伍建设现状剖析

文物数据的开发与利用是一项极为复杂且系统的工程，它涵盖了数据采集、处理、分析、展示等多个关键环节，要求综合运用历史学、考古学、计算机科学、信息技术等多门学科的知识和技能。而实际情况是，博物馆内部人员往往难以同时具备这些跨学科的全面知识和技能，具体表现在以下两个方面：

一方面，熟悉博物馆业务的人员往往缺乏技术专长。博物馆的工作人员通常都具备丰富的历史学和考古学知识，对文物的历史背景、文化内涵有深入的了解和独到的见解，但是他们在数据处理、分析以及信息技术应用方面往往存在明显的短板，这使得他们难以将深厚的文物知识与现代先进技术有效结合，无法实现对文物数据的深度挖掘和创新应用。

另一方面，技术人员对博物馆业务的了解不足。相较于博物馆工作人员，技术人员通常更擅长数据处理、算法设计和系统开发等方面的工作，但他们可能对博物馆的业务流程和文物知识缺乏足够的了解，甚至存在认知上的空白，这使得他们在为博物馆提供技术支持时，往往难以准确把握博物馆的实际需求和独特特点，导致所提供的技术解决方案与博物馆的实际需求存在明显的脱节。这种脱节不仅影响了技术应用的针对性和有效性，还可能给博物馆的数字化转型带来不必要的困扰和阻碍。

博物馆人才队伍建设的不均衡性，使得文物数据的开发与利用工作难以高效、有序地推进。为了弥补这一短板，博物馆必须加强人才队伍建设，积极培养和引进具备跨学科知识和技能的复合型人才。可以通过多种途径实现，如加强与高校和科研机构的合作，共同培养和输送具备相关专业知识和技能的人才；开展内部培训和交流活动，提升博物馆工作人员的技术水平和跨学科能力；积极引进外部优秀人才，为博物馆的数字化转型注入新的活力。

（二）技术翻译者的缺失及其深远影响

在文物数据开发与利用领域，"技术服务于内容"的核心理念是不可动摇的。但在具体实践中，博物馆业务人员与技术研发团队之间存在着显著的认知鸿沟，这种专业壁垒使得技术应用的初衷在具体实施过程中逐渐偏离轨道。要破除这种"语言不通"的困境，亟须培养既精通专业技术又深谙文博业务的复合型人才，使其成为连接两个领域的"转化枢纽"。但目前，这类复合型人才的匮乏已成为制约行业发展的突出问题，构建畅通的双向沟通机制已成为当务之急。

技术翻译者，顾名思义，是指那些既具备博物馆专业知识，又熟悉信息技术的人员。他们能够理解博物馆的独特需求和特点，将博物馆的业务流程和文化内涵转化为技术人员能够理解的语言；同时，他们也能够将技术人员的技术方案和思路转化为博物馆工作人员能够接受和操作的方式。技术翻译者的存在，对于促进博物馆与技术人员之间的有效沟通与合作具有至关重要的意义。而在当前的情况下，技术翻译者却显得尤为稀缺，这使得博物馆在与技术人员合作时，往往难以找到合适的人来担任这一角色。博物馆工作人员和技术人员之间缺乏有效的沟通渠道和共同语言，导致文物数据的开发与利用工作难以顺利进行。这种沟通障碍不仅影响了工作效率和合作效果，还可能对文物数据的开发与利用造成不必要的延误和损失。技术翻译者的缺失对文物数据开发与利用工作产生了多方面的负面影响，这些影响又是深刻而长远的，主要表现在以下几个方面。

首先，技术翻译者的缺失导致了技术与内容的严重脱节。技术人员对博物馆的需求和特点缺乏深入了解，他们所提供的技术方案往往难以完全符合博物馆的实际需求，这可能导致文物数据的开发成果与博物馆的期望存在明显差距，无法充分发挥文物数据的应有价值。例如，技术人员可能开发出一个功能强大的数据分析工具，但由于缺乏对博物馆业务流程的深入了解，这个工具可能无法有效地应用于实际文物数据的分析中，造成资源浪费，效果也会打折扣。

其次，技术翻译者的缺失严重影响了工作效率和合作效果。博物馆工作人员和技术人员之间的沟通障碍可能导致工作进度的延误和合作效果的降低。双方可能需要花费更多的时间和精力来沟通和协调，才能达成共识并推进工作。这不仅增加了工作成本，还可能对文物数据的开发与利用工作造成不必要的延误。在快节奏的数字化时代，时间就是金钱，效率就是生命，任何延误都可能对博物馆的数字化转型造成不可估量的损失。

再次，技术翻译者的缺失还可能对博物馆的数字化转型产生长远的不利影响。博物馆在数字化转型过程中需要不断引入新技术和创新应用，以适应时代发展的需要。如果缺乏技术翻译者的支持，博物馆可能难以有效地吸收和应用新技术，这可能导致博物馆在数字化转型的道路上步履维艰，甚至错失发展的良机。例如，当一项新技术出现时，博物馆可能由于缺乏懂技术的专业人员而无法及时了解和掌握这项技术的原理和应用方法。即使勉强引入了这项技术，也可能因为缺乏合适的技术翻译者而无法将其与博物馆的实际业务有效结合，从而导致技术的浪费和效果的减弱。

当前博物馆的数字化转型不仅是衡量其现代化进程的关键指标，还是塑造文化服务新生态的战略转型。复合型技术翻译者的长期匮乏将导致数字化转型推进迟滞，可能使博物馆在公众认知中逐渐形成"技术应用能力薄弱"的刻板印象。这种认知偏差不仅会制约观众对数字化服务的体验预期，还可能削弱其在文化创新领域的公信力，进而影响跨机构协作与资源整合的深度发展。因此，化解人才瓶颈对于维护博物馆与时俱进的行业形象具有重要的现实意义。

总之，文物数据开发与利用的"软件"不足问题是当前博物馆数字化转型过程中亟待解决的问题。为了加强人才队伍建设并培养技术翻译者，博物馆需要采取一系列切实有效的措施。首先，博物馆可以加强与高校和科研机构的合作，共同培养和输送具备相关专业知识和技能的人才；其次，博物馆可以开展内部培训和交流活动，提升工作人员的技术水平和跨学科能力；再次，博物馆还可以积极引进外部优秀人才，为数字化转型注入新的活力和动力。通过这些努力，博物馆将能够更好地应对数字化时代的挑战，充分挖掘和释放文物数据的价值，为公众提供更加丰富、多元、便捷的文化服务。

第二节　文化数字资源开发利用的路径分析

在剖析了当前我国文物数字资源开发利用中存在的问题后，笔者结合博物馆数字化建设工作实践和国内外博物馆的成功经验，对未来我国文物数字资源开发利用路径有了如下思考。

一、以目标为导向，做好顶层设计

（一）找准定位，明确需求

随着信息技术的飞速发展和广泛应用，当前文物数字化正从基础性数据采集转向系统性开发阶段，其核心已不再是简单的信息存储，而是如何通过智能解析与关联分析，激活数字资产的文化价值。因此，博物馆在推进文物数字化工作时，必须高度重视顶层设计，从自身的发展定位和实际需求出发，才能充分发挥文物数字化应有的价值，为公众提供更加优质、高效的文化服务。

博物馆，作为文化遗产的守护者和传播者，其功能和社会职能在本质上是相似的，即都是为公众提供文化服务，促进文化的传承与发展，但是不同主题、不同级别、不同区域的博物馆，在具体实践中又有着各自的共性和个性。这些共性和个性不仅体现在博物馆的藏品类型、展览形式、教育活动等方面，更深刻地反映在博物馆的发展定位和实际需求上，成为博物馆进行文物数字资源建设时必须考虑的重要因素。

以革命类纪念馆为例，这类博物馆的馆藏文物多为近现代文物，这些文物不仅承载着丰富的历史信息，还具有重要的历史价值。与实物价值相比，这些文物的历史价值往往更为突出，它们见证了某个特定历史时期的政治动荡、社会变迁和民族命运，是研究历史、了解过去的重要实物资料。因此，在革命类纪念馆的文物数字资源建设中，如何充分展现这些文物的历史价值，成为一个亟待解决的问题。

与大型综合类博物馆相比，革命类纪念馆的文物数量相对较少，其藏品规模有限。这也要求革命类纪念馆在文物保护和展示方面更加精耕细作，深入挖掘每一件文物背后的故事，实现革命类文物历史价值的最大化。这就要求革命类纪念馆在文物数字资源建设中，不仅要注重文物的数字化呈现，还要注重文物背后历史故事的挖掘和呈现。通过数字化手段，将文物的历史背景、相关事件、人物故事等信息进行整合和展示，让观众在欣赏文物的同时，能够更深入地了解文物的历史价值和文化内涵。

除了文物本身的特点外，革命类纪念馆还拥有大量纸质档案资料。这些档案资料是文物历史价值的重要补充和延伸，它们记录了文物背后的历史事件、人物故事和时代背景，为观众提供了更加全面、深入地了解文物的途径。而这些纸质档案资料由于年代久远、保存条件有限等原因，往往存在着破损、褪色等问题，给研究和展示工作带来了很大的困难。因此，在革命类纪念馆的文物数字资源建设中，如何充分利用现代数字技术，对这些纸质档案资料进行数字化处理和保护，将其与文物数字资源有机结合，形成完整、系统的历史文化信息体系，是一个值得深入探讨的问题。

当前革命类纪念馆的教育需求也远大于观赏需求。作为传承红色基因、弘扬革命精神的重要阵地，革命类纪念馆肩负着对公众进行党性教育、爱国主义教育的重要使命。因此，在文物数字资源建设中，如何利用数字技术手段，将文物的历史价值与党性教育相结合，以文物为线索开展历史研究，讲好文物背后的故事，成为革命类博物馆关注的焦点。为了实现这一目标，革命类纪念馆在顶层设计中必须明确文物数字资源建设的重点和方向。

首先，要加强文物数据与历史数据的关联。文物作为历史的见证者，其背后蕴含着丰富的历史信息。而这些信息往往散落在各种历史文献、档案资料之中，难以被系统地整理和呈现。因此，革命类纪念馆在文物数字资源建设中，必须注重文物数据和历史数据的关联，通过数字化手段将这些信息与文物数字资源相结合，形成更加完整、系统的历史文化知识体系。这样，不仅可以为观众提供更加深入、全面地了解文物的途径，还可以为历史研究提供更加丰富、准确的资料支持，推动相关领域的学术研究深入发展。

其次，革命类纪念馆要搭建知识图谱，实现文物信息的智能化管理和利用。知识图谱作为一种新型的知识表示方式，能够将大量的知识以结构化的形式呈现出来，方便用户进行检索、查询和利用。在革命类纪念馆的文物数字资源建设中，通过搭建知识图谱，可以将文物信息、历史事件、人物故事等相关知识元素进行有机整合和关联，形成一张庞大的历史文化知识网络。这样不仅可以提高文物信息的检索效率和准确性，还可以为观众提供更加个性化、智能化的服务体验。例如，观众可以通过智能检索系统快速找到与自己感兴趣的文物相关的历史事件、人物故事等信息，从而更深入地了解文物的历史价值和文化内涵。

每个博物馆都有其独特的发展定位和实际需求，不同博物馆在藏品类型、展览形式、教育活动等方面都存在着差异，这些差异决定了它们在文物数字资源建设中的重点和方向也会有所不同。直接照搬其他博物馆的文物数字资源建设方案往往难以取得理想的效果。因此，革命类纪念馆应该立足于自身实际，充分考虑自身的藏品特点、教育需求和社会职能等因素，制定符合自身特点的建设方案。

（二）优化资源，统筹协作

博物馆作为历史文化的守护者与传播者，其肩负的使命不仅是珍藏和展示文物，还在于将这份宝贵的文化遗产传递给后世。文物数字资源建设，作为新时代的技术革新，正引领着一场深刻的文化传承方式变革。这项工程庞大而系统，涵盖了文物的数字化采集、存储、管理、展示及利用等多个环节，每一个环节都紧密相连，共同织就了一个完整的文物数字资源生态体系。但是，文物数字资源建设并非一朝一夕之功，而是一个持续动态的发展过程，它要求博物馆各业务部门通力合作与协同推进。

在实际操作中，博物馆的文物数字资源建设往往面临重重挑战。由于业务部门各自为政，缺乏整体规划和统筹协调，设计局限于部门业务的子系统，无法与其他系统实现数据互联互通。这种"信息孤岛"现象不仅造成了资源的极大浪费，还严重削弱了文物数字资源的整体效能和利用价值。为了打破这种局面，博物馆亟须借鉴信息化项目管理的先进做法，采取更加系统化、协同化的建设路径。为优化资源、统筹协作，推动文物数字资源建设的顺利进行，具体而言，博物馆可以从以下几个方面入手：

一是组建项目型组织，强化统筹协调能力。

博物馆文化数字资源建设是一项复杂而庞大的系统工程，它跨越了多个部门和领域，需要各部门之间的紧密合作与协调。因此，博物馆应组建一个项目型组织，建议由馆领导亲自挂帅，抽调相关部门的专业骨干，并联合设计单位、项目承接单位等，共同全程参与项目建设。这个项目型组织应具备高度的灵活性和协同性，能够迅速响应项目需求，确保各项工作的顺利进行。

在项目型组织中，馆领导作为项目的总负责人，能够充分发挥其领导力和决策力，确保项目方向的正确性和目标的可实现性；同时，各部门的专业骨干作为项目的核心成员，应充分发挥其专业优势和技术特长，为项目建设提供有力的技术支持。设计单位则负责项目的整体规划和方案设计，确保项目符合博物馆的发展需求和实际情况。项目承接单位则负责项目的具体实施和落地，确保项目按时、按质、按量完成。通过组建项目型组织，博物馆可以打破部门之间的壁垒，实现资源的共享和协同工作。

这种组织形式的优势在于能够集中力量办大事，提高项目建设的效率和质量。同时，它还能够增强项目团队成员的责任感和使命感，激发他们的工作热情和创造力。

二是充分了解总体规划，确保项目与规划相衔接。

在项目启动前，博物馆应充分了解当地发展改革委的总体规划，明确文物数字资源建设在博物馆整体发展中的地位和作用。这是确保项目与规划相衔接、相协调的重要前提。

首先，博物馆需要对自身的现有资源、技术条件、人员配置等进行全面评估，为项目建设提供科学依据。在充分了解总体规划的基础上，博物馆应构思项目的整体框架和实施方案，这包括明确项目的目标、任务、进度、预算等关键要素，制订详细的项目计划。

其次，博物馆需要建立项目管理制度和流程，确保项目的规范化、标准化管理。这些制度和流程应涵盖项目的立项、设计、实施、验收等各个环节，确保项目的顺利进行和有效管控。

再次，博物馆应加强与相关部门的沟通和协调，确保项目与规划的一致性。这包括与当地发展改革委、文物局等部门密切合作，共同推动文物数字资源建设的顺利进行。通过加强与相关部门的沟通和协调，博物馆可以及时了解政策动态和项目进展情况，为项目建设提供有力的支持和保障。

三是开放接口，实现数据互联互通。

在项目建设过程中，博物馆应开放接口，实现与省市级大数据平台的联通，这是提高文物数字资源利用效率和价值的重要途径。通过开放接口，博物馆可以与其他系统实现数据共享和交换，避免重复建设和资源浪费。为了实现数据互联互通，博物馆需要建立统一的数据标准和规范。这些标准和规范应涵盖数据的格式、编码、命名规则等方面，确保数据的准确性和一致性。

博物馆还需要开发相应的数据接口和交换平台，实现与其他系统的无缝对接和数据交换。除了技术层面的努力外，博物馆还需要加强与相关机构和部门的合作与交流。例如，可以与省市文物局、图书馆、档案馆等机构建立合作关系，共同推动文物数字资源的共享和利用。通过合作与交流，博物馆可以了解其他机构的数字化建设经验和做法，借鉴其成功经验并避免走弯路。

博物馆还可以与高校、科研机构等建立"产学研用"合作关系，通过引入先进的技术和理念，提高文物数字资源的建设水平和利用效率。这种合作模式有助于将科研成果转化为实际应用，推动文物数字资源建设的创新发展。

四是分步实施，科学评估功能与投入。

由于博物馆文化数字资源建设是一个持续动态发展的过程，因此，需要根据总的设计方案和资金情况分步实施。在具体实施过程中，博物馆应遵循"先易后难、先急后缓"的原则，优先实施那些对博物馆发展影响较大、效益较明显的项目。在分步实施过程中，博物馆需要对项目的功能和投入进行科学评估，这包括对项目的预期效益、实施难度、投入成本等进行全面分析，确保项目的可行性和经济性。通过科学评估，博物馆可以合理配置资源，确保项目的顺利进行和有效实施。同时，博物馆还需要建立项目监测和评估机制，定期对项目的进展情况跟踪和评估，及时发现问题并采取措施加以解决。这种机制有助于确保项目的质量和进度符合预期要求，为项目的成功实施提供有力保障。

五是优化"软硬件"资源，利旧和创新并举。

在博物馆文化数字资源建设中，优化"软硬件"资源，利旧创新并举是重要原则。

首先，在"硬件"方面，博物馆应充分利用现有的资源和技术条件，避免重复建设和浪费。具体来说，在满足顶层设计采集标准的前提下，博物馆可以利用现有的数字化设备和技术手段对文物进行数字化采集和处理。这些设备和技术手段包括高清摄影设备、三维扫描设备、图像处理软件等。通过利用这些现有资源，博物馆可以降低数字化采集的成本和提高效率。

同时，博物馆还可以利用现有的网络平台和展示空间对文物数字资源进行展示和利用。例如，可以建立在线博物馆或虚拟展览厅，将文物数字资源以数字化形式呈现给公众。这种展示方式不仅突破了时间和空间的限制，还能够让更多的人欣赏到珍贵的文物资源。

其次，在"软件"方面，博物馆应注重创新管理模式和加强高素质的人才队伍建设。在管理模式上，博物馆应引入先进的管理理念和方法，提高管理水平和效率。这包括采用项目管理、质量管理等先进的管理方法和技术手段，确保项目的顺利进行和有效实施。在人才队伍建设上，博物馆应加强与高校、科研机构的合作与交流，引进和培养一批具有专业素养和技术特长的人才。这些人才应具备文物鉴定、数字化技术、信息管理等多方面的知识和技能，能够为博物馆文化数字资源建设提供有力的人才保障。在构建适应数字时代的文博人才体系时，博物馆可着力打造"多维度"培育机制。常态化开设数字技术工作坊与跨学科研讨会，建立覆盖文物摄影、三维建模、语义标注等核心技能的阶梯式培训体系，使策展人员与技术团队在数据清洗、知识图谱构建等实操场景中实现能力跃迁。

同时，可构建开放式的智力协作网络，引入高校计算机考古实验室、数字人文研究中心的专家资源，以项目制驻场指导，破解元数据标准制定、异构系统对接等具体难题。在激发创新动能方面，可设立"数字活化创新基金"，将数据资源开发成果纳入职称评审指标体系，对完成重要数字策展项目或取得技术突破的团队实施梯度奖励。更深层次的变革在于打通"产学研"协同通道——与重点院校共建"智慧文博"微专业，开发增强现实文物修复、区块链藏品溯源等特色课程；联合科技企业创建联合实验室，在沉浸式展览开发、AI辅助断代等前沿领域孵化复合型人才，形成可持续的人才供给体系。

六是持续动态发展，不断完善与优化建设方案。

博物馆文化数字资源建设是一个持续动态发展的过程，需要不断完善与优化。随着技术的不断进步和博物馆需求的不断变化，博物馆应及时调整和优化文物数字资源建设的方向和重点。例如，博物馆可以引入新的数字化技术和手段，提高文物数字化采集和处理的效率和质量。这包括采用更先进的摄影设备、三维扫描技术和图像处理算法等，以提高数字化采集的精度和速度；同时，还可以开发新的数字化展示和利用方式，如虚拟现实（VR）技术、增强现实（AR）技术等新技术，丰富文物数字资源的呈现形式和互动体验。

此外，博物馆还应该加强文物数字资源建设的宣传和推广工作。通过举办展览、讲座、研讨会等活动，提高公众对文物数字资源的认知度和兴趣；同时，通过与媒体、企业等合作，拓宽文物数字资源的传播渠道。这将有助于让更多人了解并参与到文物数字资源建设中来，共同推动博物馆事业的繁荣发展。

博物馆文化数字资源建设是一项庞大而又系统的工程，需要各业务部门通力合作与协同推进。通过组建项目型组织、充分了解总体规划、开放接口实现数据互联互通、分步实施并科学评估功能与投入、优化"软硬件"资源并利旧创新并举，以及持续动态发展不断完善与优化建设方案等措施，博物馆可以推动文物数字资源建设的顺利进行并取得预期成效，这些措施也将为博物馆的文化传承与创新发展提供有力的支撑和保障。

（三）文物采集，因事制宜①

博物馆的每一件文物都是历史的见证者，它们静静地诉说着过往的辉煌与沧桑。随着数字化技术的飞速发展，博物馆也开始积极探索文物的数字化采集工作，以期通过科技的力量，让这些珍贵的文化遗产焕发新的生机。

数字化采集，对于博物馆而言，不仅仅是一种技术手段的革新，还是一种文化传承方式的变革。通过数字化手段，我们可以永久记录文物的信息，为文物保护和修复提供有力支持；同时，数字化的文物数据还可以进行多维运用，拓展文物的展示方式，提升公众的文化体验。而文物数字化采集并非一项简单的任务，它需要我们结合博物馆的实际需求，因事制宜，制定科学合理的采集方案和标准。

在文物数据采集方面，国家文物局已经制定了一系列的标准和规范，为博物馆的文物数字化采集工作提供了重要参考。这些标准涵盖了文物数字化采集的各个方面，从采集设备的选择到采集方法的确定，再到数据格式的规范，都为博物馆的文物数字化工作提供了有力的指导。博物馆在遵循这些标准的同时，也需要结合自身的实际需求，灵活调整采集方案和标准，不能一味地追求高投入、高标准，因为并不是所有的文物都需要采用最先进的技术进行数字化采集。同样，也不能对同类别的文物采取"一刀切"的采集方式，因为每一件文物都有其独特的价值。因此，在制定文物采集方案时，需要明确文物数字资源的用途，从数据运用的角度反推文物采集的手段和标准。

---

①此处是指根据实际情况和需求，采用不同的办法和措施。

以古文、手稿、印刷本等文字记录较为丰富的档案和文物资料为例，其数字化采集的方式就需要根据具体的用途来确定。如果这类文物主要是作为平面类文物进行展示，那么，采集方式就需要注重其视觉效果的呈现。通常的做法是通过高清扫描，将其转化为可以用于展览展示的高清图片。高清图片能够清晰地展现文物的细节和特色，让观众在欣赏文物的同时，也能感受到其厚重的历史文化魅力。然而，高清图片的数据量相对较大，在常规的办公网络环境下，数据提取速度可能会较慢，这就需要在采集时考虑后续的数据运用需求，可以适当降低分辨率，如制作缩微图，以满足"线上"阅览快速提取的需要。这样既可以保证文物的展示效果，又可以提高数据的提取效率，方便观众在线浏览和检索。

如果这类文物是作为研究素材来采集的，那么，其承载的文字内容就具有非常高的研究价值。在这种情况下，就不能仅仅满足于将其转化为高清图片，而需要更进一步地利用OCR技术，将图形文字转化成计算机文字。OCR技术能够识别图片中的文字内容并将其转化为可编辑的文本，这对于研究工作来说无疑是一个巨大的福音。研究人员可以直接在计算机上对文本进行搜索、复制、粘贴等操作，无须再手动输入或翻阅纸质资料，从而节省了大量的时间和精力。

然而，目前OCR技术的应用仍需要不断优化和改进，因为OCR技术的识别准确率和稳定性还受到诸多因素的影响，如文字的字体、清晰度、排版方式等。因此，在实际应用中，还需要借助人工校对的方式来配合提高OCR技术识别的准确率和稳定性。

除了考虑文物的用途外，在制定文物采集方案时，还需要充分考虑文物的特性和保存状况。因为文物种类繁多，每一类文物都有其独特的材质、结构和保存要求。例如，对于一些质地脆弱、易受损的文物，如古代纺织品、纸张等，在采集时需要特别小心谨慎，避免对其造成二次损伤，可以采用非接触式的采集方式，如使用高分辨率的数码相机或扫描仪进行拍摄或扫描。同时，还需要确保采集过程中的光线、角度、温度等条件都符合文物保护的要求，因为不当的采集方式或环境条件都可能对文物造成不可逆的损害。

在文物数字化采集过程中，还需要注重数据的规范性和可读性。采集到的数据应该符合国家文物局制定的相关标准和规范，确保数据的准确性和一致性，因为规范的数据格式和标准可以方便后续的数据处理和分析工作，提高数据的利用率和价值；同时，数据还应该具有良好的可读性，方便后续的研究和利用。

为了实现这一目标，博物馆可以建立专门的文物数字化采集团队，负责文物的采集、处理和管理等工作。团队成员应该具备专业的知识和技能，能够熟练掌握各种采集设备和采集技术方法，确保采集工作的顺利进行。同时，博物馆还可以定期对团队成员进行培训，提高他们的专业素养和综合能力，以适应不断变化的数字化采集需求。

在文物数字化采集工作中，博物馆还需要注重与其他机构的合作与交流。因为文物数字化采集是一项涉及多学科、多领域的综合性工作，需要各方面的专业知识和技术支持。因此，博物馆可以与高校、科研机构等建立合作关系，共同推动文物数字化采集技术的研发和应用。

通过合作与交流，可以引进先进的技术和理念，提高博物馆的文物数字化采集水平和效率。同时，还可以与其他博物馆进行资源共享和互利合作，共同推动文物数字化事业的发展。例如，可以建立文物数字化采集的共享平台，将各博物馆的采集资源和经验进行整合和分享，促进文物数字化采集工作的协同发展。这样，不仅可以避免重复劳动和资源浪费，还可以提高文物数字化采集的整体水平和质量。

另外，博物馆在文物数字化采集过程中还需要注重数据的安全性和保密性。因为文物作为历史的见证者和文化的传承者，其信息具有非常高的价值，一旦文物数据泄露或被滥用，可能会对国家的文化安全和利益造成损害。因此，在采集、存储、传输和利用文物数据时，需要采取严格的安全措施和保密机制，确保数据的安全性和可靠性。可以建立专门的数据管理系统和安全防护体系，对数据进行加密存储和传输，防止数据的泄露和滥用。同时，还需要加强对文物数据的管理和监控，确保数据的合法性和合规性。对于违反规定的行为，要依法予以惩处，以维护文物数据的安全和保密性。

在文物数字化采集的过程中，还需要注重技术的创新和应用。因为随着科技的不断进步，新的采集技术和方法不断涌现，为各类文物的数字化采集提供了更多的可能性和选择。例如，可以利用三维扫描技术对文物进行立体化的数字化采集，让观众能够更直观地了解文物的形态和特征。三维扫描技术可以生成文物的三维模型，让观众可以从不同角度、不同距离观察文物，增强观众的沉浸感和体验感。

同时，还可以利用虚拟现实（VR）技术和增强现实（AR）技术等，将数字化文物与现实场景进行融合，为观众提供更加沉浸式的文化体验。通过虚拟现实（VR）技术，观众可以身临其境地走进历史场景，与文物进行互动；通过增强现实（AR）技术，观众可以在现实场景中看到文物的虚拟展示，增强文物的可观赏性和趣味性。

此外，博物馆在文物数字化采集过程中还应该注重文化的传承和弘扬。因为文物是历史的见证者和文化的载体，它们承载着丰富的历史信息和文化内涵。数字化采集，可以让更多人了解和欣赏文物的魅力和价值，从而促进文化的传承和发展。因此，在采集过程中，需要注重对文物文化内涵的挖掘和传承，将文物的历史背景、文化内涵和价值意义等信息进行全面记录和展示。

同时，还可以通过数字化手段将文物与现代教育、旅游等领域结合，推动文化的传承和发展。例如，可以将数字化文物融入学校的教育教学中，让学生通过数字化手段了解和学习历史文化；可以将数字化文物作为旅游资源的组成部分，吸引更多游客前来参观和体验。

博物馆文物数字化采集是一项复杂而重要的工作。它需要充分考虑文物的用途、特性和保存状况等因素，制定科学合理的采集方案和标准。

同时，还需要注重数据的规范性和可读性、数据的安全性和保密性、技术的创新和应用以及文化的传承和弘扬等各个方面。具体来说，需要做到以下几点：

一是要遵循国家文物局制定的相关标准和规范，确保采集数据的准确性和一致性；同时要根据博物馆的实际需求，灵活调整采集方案和标准，避免"一刀切"的做法。

二是要注重文物的特性和保存状况，采用适当的采集方式和方法，避免对文物造成二次损伤；同时要加强采集过程中的管理和监控，确保采集工作的顺利进行。

三是要注重数据的规范性和可读性，建立专门的数据管理系统和安全防护体系，确保数据的安全性和可靠性；同时要加强对文物数据的管理和监控，防止数据的泄露和滥用。

四是要注重技术的创新和应用，积极引进先进的采集技术和方法，提高文物数字化采集的水平和效率；同时要加强与其他机构的合作与交流，共同推动文物数字化采集技术的发展和应用。

五是要注重文化的传承和弘扬，充分挖掘和传承文物的文化内涵和价值，将文物与现代教育、旅游等领域结合起来，推动文化的传承和发展。

通过以上措施的实施，我们可以确保文物数字化采集工作的顺利进行，并取得预期成效。这将为博物馆的文化传承与创新发展提供有力的支撑和保障，让更多人了解和欣赏文物的魅力和价值，促进文化的繁荣和发展。

二、以决策为目的，做好数据管理

（一）量化数据，可视呈现

在当今这个信息化高速发展的时代，数据已经成为各行各业不可或缺的核心资源。对于博物馆而言，海量的文物数据不仅是其宝贵的财富，还是提升管理效能、优化服务体验的关键所在。为了实现业务流程的跨部门集成、文物数据的关联使用、权限的统一认证以及业务数据的分级呈现，博物馆正积极探索数字化管理的新路径。这条路径以量化数据为基础，通过可视化手段，全面展示博物馆的运营态势，为决策提供有力的支持。

量化数据作为博物馆数字化管理的基石，其重要性不言而喻。在过去，博物馆的管理往往依赖于经验判断和人工统计，这种方式不仅效率低下，而且容易出错，难以满足现代博物馆管理的需求。随着数字化技术的引入，博物馆能够实时采集、整理和分析各类业务数据。这些数据涵盖了文物的基本信息、藏品状态、展览安排、观众流量等多个方面，为博物馆的管理提供了全面、客观、准确的依据。

以文物数据为例，博物馆可以通过 RFID（无线射频识别）技术、二维码扫描等方式，对馆内的每一件文物进行唯一标识，并实时追踪文物的位置、状态等信息。这些数据被量化后，可以形成一系列具有统计意义的指标和参数。比如，文物的查看次数、停留时间、互动频率等，这些数据能够直观地反映文物在观众中的受欢迎程度。同时，观众的年龄、性别、来源地等信息也被量化记录，为博物馆了解观众群体特征提供了重要依据。具体来说，通过量化数据，博物馆可以形成文物查看排行、文物类型查看排行等统计信息，这些排行信息能够帮助管理者快速了解哪些文物更受观众欢迎，哪些类型的文物更具吸引力。这对于博物馆的展览策划、文物布局以及市场推广等方面都具有重要的指导意义。

此外，文物总数统计、各类型文物数据统计等信息也能为博物馆的文物管理和保护提供有力的数据支持。管理者可以根据这些数据，合理规划文物的保护、修复和展示工作，确保文物的安全和有效利用。

在量化数据的基础上，博物馆开始探索数据的可视化呈现方式。可视化展示是一种直观、生动的数据表达方式，能够将复杂的数据信息转化为图表、图像等易于理解的形式，帮助管理者快速把握数据的整体态势和变化趋势。对于博物馆而言，可视化展示不仅能够提升数据的可读性和可理解性，还能够增强数据的吸引力和感染力，激发管理者对数据的兴趣和关注。

在博物馆文物态势数据的可视化展示方面，可以构想一个集成了多种信息元素的综合展示面板，即"博物馆驾驶舱"，这个驾驶舱就像是一个指挥中心，能够实时展示文物查看排行、文物类型查看排行、文物总数统计、各类型文物数据统计等关键信息。通过这些信息，管理者可以一目了然地了解博物馆文物的受欢迎程度、类型分布以及总体数量等基本情况，这为后续的文物管理和保护提供了有力的依据。驾驶舱的设计非常灵活，可根据管理者的需求进行定制。

例如，可以按照时间维度（如日、周、月、季度、年度）展示文物的查看次数和互动频率。这样，管理者就可以清晰地看到文物受欢迎程度的变化趋势，从而及时调整展览策略和推广计划。同时，还可以按照文物类型、年代、来源地等维度进行展示，帮助管理者深入了解文物的特点和价值。这种多维度的展示方式，有助于管理者全面把握文物的整体情况，为文物的保护、研究和利用提供有力的支持。

除了基本的文物态势数据外，可视化展示还可以进一步拓展到博物馆的各个业务领域。在博物馆园区建筑的管理方面，可视化展示发挥了重要作用。通过三维建模和虚拟现实技术，可以将博物馆的建筑结构、布局和设施等信息以立体化的形式呈现出来。管理者可以在虚拟环境中漫游博物馆，仿佛身临其境地查看各个建筑的空间利用情况、设施设备的运行状态以及安全隐患等。这种全域可视化的管理方式，不仅提高了管理效率，还增强了管理的精准性和针对性。

以库房管理为例，博物馆的库房是文物保存的重要场所，其环境状况对文物的安全有着至关重要的影响。通过物联网技术和传感器设备，可以实时采集库房内的温度、湿度、光照等环境参数，并将这些数据以图表的形式展示出来。管理者可以随时随地监控库房的环境状况，及时发现并处理潜在的风险和问题。

比如，当库房内的温度或湿度超出设定的范围时，系统会自动发出警报，提醒管理者及时采取措施进行调整。这样，可以确保文物的安全和保存环境的稳定，有效防止因环境因素导致的文物损坏。同时，可视化展示还可以帮助管理者优化库房的布局和设施的设置，提高库房的空间利用率和管理效率。

在藏品管理方面，可视化展示同样能够发挥重要作用。博物馆的藏品是其宝贵的文化遗产，也是吸引观众的重要资源。通过数字化手段，可以将藏品的信息、图像和三维模型等整合到一个统一的平台上，实现藏品的数字化管理和展示。这样，管理者可以通过这个平台随时查看藏品的状态、位置和历史记录等信息，方便对藏品进行追踪和管理；同时，观众也可以通过这个平台在线浏览和欣赏博物馆的藏品，提升观众的参观体验。这种数字化的藏品管理方式，不仅提高了藏品的利用效率和管理水平，还拓宽了藏品的传播渠道和受众范围。未来，随着数字化技术的不断发展和完善，博物馆的藏品管理将更加智能化、便捷化和高效化。

在展览管理方面，可视化展示也能够为博物馆带来诸多便利。通过数据分析技术，我们可以实时统计展览的观众流量、停留时间、互动次数等指标，并将这些数据以图表的形式展示出来。管理者可以根据这些数据评估展览的受欢迎程度和观众的兴趣偏好，为后续的展览策划和安排提供有力依据。例如，如果某个展览的观众流量较低，管理者可以分析其原因，可能是展览内容不够吸引人，或者宣传不够到位等。然后，管理者可以采取相应的措施进行改进，如调整展览内容、加强宣传推广等。这样，可以提高展览的吸引力和观众的参与度，从而提升博物馆的知名度和影响力。

在观众管理方面，可视化展示同样能够发挥重要作用。通过观众行为分析技术，我们可以实时采集观众在博物馆内的行为轨迹、停留时间、关注热点等信息，并将这些数据以热力图、轨迹图等形式展示出来。管理者可以通过这些数据了解观众的参观习惯和兴趣偏好，为后续的观众服务和市场营销提供有力支持。比如，可以根据观众的行为轨迹优化展览布局和设施设置，提高观众的参观效率和满意度。如果观众在某个区域停留时间较长，说明该区域的展览内容较受欢迎，管理者可以考虑在该区域增加更多的展览内容或者设施，以满足观众的需求；同时，还可以根据观众的兴趣偏好策划相应的文化活动和讲座，吸引更多观众前来参与。这样，可以增强博物馆与观众之间的互动和交流，提升博物馆的社会影响力和文化传播力。

此外，可视化展示还能够实现基于数据驱动的博物馆全域可视化精细管理。通过将各个业务领域的数据进行整合和分析，可以形成一个全面的博物馆运营态势图。这个态势图能够实时展示博物馆的各项业务指标和空间利用情况，帮助管理者全面把握博物馆的运营状况和发展趋势。同时，还可以根据这些数据进行预测和分析，为博物馆的决策提供有力支持。比如，可以根据历史观众流量数据预测未来观众流量的变化趋势，为博物馆的展览安排和人员调配提供依据；或者可以根据藏品的利用情况预测未来藏品的需求趋势，为博物馆的藏品采购和保护工作提供指导。

在可视化展示的基础上，博物馆还可以进一步实现全要素、多维度的评价。通过设定合理的评价指标和权重，可以对博物馆的各项业务进行量化评估，形成客观、准确的评价结果。这些评价结果可以为博物馆的决策提供有力参考，帮助管理者了解博物馆的优势和不足，为后续的改进和优化提供方向。比如，可以设定观众满意度、展览吸引力、藏品利用率等评价指标，并对这些指标进行量化评估。然后，根据评估结果，管理者可以了解博物馆在各个方面表现如何，哪些方面做得比较好，哪些方面需要改进。这样，管理者可以有针对性地制定改进措施和优化方案，提高博物馆的整体管理水平和服务质量。

为了方便管理者查询和分析数据，博物馆还可以开发相应的数据查询和报告系统。这个系统可以提供友好的用户界面和强大的查询功能，使管理者能够轻松地查询和分析各类业务数据。管理者可以根据需要按月、季度、年度等时间维度查询总体数据情况，并生成相应的数据报告。这些报告可以包括文物的查看次数、互动频率、观众流量、展览受欢迎程度等多方面的信息。报告的形式可以是图表、表格和文字等，以满足不同管理者的需求。这些报告可以为领导的决策提供全面、准确的数据支持，帮助领导了解博物馆的运营状况和发展趋势，为博物馆的发展方向和战略规划提供有力的依据。

量化数据和可视化展示是构建博物馆数字化管理新生态的重要基石。通过量化数据，博物馆能够实现对各类业务数据的科学管理和有效利用。这些数据为博物馆的管理提供了客观、准确的依据，使管理者能够做出更加科学、合理的决策。同时，通过可视化展示，博物馆能够将复杂的数据信息转化为直观、生动的形式，提升数据的可读性和可理解性。这种可视化的展示方式不仅增强了数据的吸引力和感染力，还激发了管理者对数据的兴趣和关注。管理者可以通过可视化展示快速把握数据的整体态势和变化趋势，及时发现问题并采取相应的措施进行改进。

未来，随着数字化技术的不断发展和完善，博物馆数字化管理新生态将会更加成熟、完善。博物馆将能够更好地保护和利用文物资源，提升管理效能和服务水平。通过数字化管理，博物馆可以实现对文物的科学保护、有效管理和合理利用，确保文物的安全和完整；同时，博物馆还可以提升观众的参观体验感。通过数字化手段，博物馆可以为观众提供更加便捷、丰富的参观体验和文化服务，满足观众的多样化需求。

（二）定性分析，智能决策

在汹涌澎湃的数字化浪潮中，博物馆正以前所未有的速度和姿态焕发出新的生机与活力。数字化手段不仅让沉睡千年的文物以更加生动、直观的方式跃然于公众眼前，也在潜移默化中深刻改变着博物馆的管理和运营模式。而数字化的价值并不仅仅局限于让文物"活"起来的表面层面，其更深层次的意义在于能够深入挖掘和利用数据，实现从定量到定性的决策分析转变，为博物馆的科学管理和决策提供坚实有力的数据支撑。

传统上，博物馆的决策往往依赖于管理者的主观经验和直觉。这种决策方式在某种程度上确实能够体现管理者的智慧和洞察力，但也难以避免地受到个人偏见、信息局限等因素的影响，导致决策的科学性和准确性受到一定程度的制约。而数字化手段的运用，则为我们开辟了一种全新的决策模式——基于数据的定性分析。数据作为数字化时代的核心资源，其价值在于能够客观、准确地反映事物的本质和规律。在博物馆的运营和管理过程中，每时每刻都在产生着海量的数据，如参观人数、参观路径、驻留时间、文创消费数据、互动记录、查询次数等。这些数据看似琐碎零散，实则蕴含着丰富的信息和巨大的价值。通过系统地收集、整理和分析这些数据，可以更加深入地了解观众的需求和行为习惯，为博物馆的决策提供更加科学、准确的依据。

实现从定量到定性的决策分析，先需要对数据进行量化处理。量化处理是将原始数据转化为可度量、可比较的指标或参数的过程。在博物馆的运营和管理中，可以通过各种数字化手段收集大量的原始数据。例如，通过智能导览系统，可以追踪观众的参观路径，记录他们在各个展览区域的停留时间；通过互动装置，可以收集观众的互动行为数据，如触摸次数、选择项等。这些数据经过量化处理后，可以形成一系列具体的指标，如参观人数、平均驻留时间、互动次数、热门展览区域等。这些指标不仅更加直观、易懂，而且方便进行比较和分析，从而揭示出观众参观行为的规律和趋势。

量化处理只是数据利用的第一步，真正的价值在于对这些数据进行深入的分析和挖掘。通过分析参观数据，可以揭示出观众的参观习惯和兴趣偏好，从而了解哪些展览或文物更受欢迎？哪些时间段观众流量较大？这些信息对于博物馆的展览安排、空间布局、观众服务等方面都具有重要的指导意义。例如，可以根据观众的参观习惯调整展览的开放时间和顺序，避免高峰时段的拥堵，优化观众的参观体验；还可以根据观众的兴趣偏好策划新的展览和活动，吸引更多观众前来参观，提升博物馆的知名度和影响力。

　　文创消费数据也是博物馆运营中的重要组成部分。通过分析文创产品的销售数据，可以了解观众对文创产品的需求和喜好。哪些产品更受欢迎？哪些产品的销售额较高？哪些产品的设计或定价存在问题？这些信息对于博物馆的文创产品开发、市场营销等方面都具有重要的参考价值。既可以根据观众的需求和喜好开发新的文创产品，满足观众的购物需求，提升博物馆的经济效益；又可以根据销售数据调整文创产品的定价和营销策略，提高文创产品的市场竞争力，实现博物馆文创产业的可持续发展。

　　互动记录是博物馆与观众之间沟通的重要桥梁。通过分析观众的互动行为，可以了解观众对博物馆的参与度和满意度，了解哪些互动环节更受欢迎？哪些环节需要改进或优化？这些信息对于博物馆的观众服务、教育普及等方面都具有重要的指导意义。可以根据观众的互动行为优化互动环节的设计和实施，提高观众的参与度和满意度；还可以根据观众的反馈意见改进博物馆的服务和教育工作，提升博物馆的社会形象和影响力，让博物馆成为公众学习、交流、休闲的重要场所。

　　查询次数则是反映观众对博物馆信息关注程度的重要指标之一。通过分析观众的查询行为，可以了解观众对博物馆信息的需求和关注点，从而知道哪些信息更受欢迎？哪些信息需要补充或更新？这些信息对于博物馆的信息发布、宣传推广等方面都具有重要的参考价值。既可以根据观众的查询行为优化信息发布的内容和方式，提高信息的传播效果和影响力；又可以根据观众的需求和关注点策划新的宣传推广活动，吸引更多观众关注博物馆，提升博物馆的知名度和美誉度。

　　在实现了数据的量化处理和分析挖掘之后，需要将这些数据转化为具体的决策建议或方案，这就需要运用定性分析的方法，对数据分析的结果进行深入解读和判断。定性分析是基于数据及事实的判断和推理过程，它能够帮助我们从数据中提炼出有价值的信息和规律，为决策提供依据。通过定性分析，可以将数据分析的结果与博物馆的实际情况相结合，形成具体的决策建议或方案。这些建议或方案不仅更加符合博物馆的实际情况和需求，而且更加科学、准确、可行。

例如，在展览安排方面，可以根据观众的参观数据和兴趣偏好，调整展览的开放时间和顺序，将热门展览安排在观众流量较大的时间段，同时优化展览的空间布局，提高观众的参观体验。在文创产品开发方面，可以根据文创产品的销售数据和市场需求，开发新的文创产品，满足观众的购物需求，同时调整文创产品的定价和营销策略，提高文创产品的市场竞争力。在教育普及方面，可以根据观众的互动行为和反馈意见，优化互动环节的设计和实施，提高观众的参与度和满意度，同时加强博物馆的教育服务工作，提升博物馆的社会形象和影响力。

此外，定性分析还能够帮助我们对决策的效果进行预测和评估。在决策实施之前，可以通过定性分析对决策的可能效果进行模拟和预测，评估决策的合理性和可行性，确保决策的科学性和有效性。在决策实施之后，还可以通过定性分析，对决策的实际效果进行评估和总结，分析决策的成功经验与不足之处，为后续的决策提供参考和借鉴，不断完善和优化决策过程。

在此过程中，要深刻认识到数据的利用并不是一次性的过程，而是一个循环往复、不断优化的过程。需要不断地收集、整理和分析数据，保持对数据的敏感性和洞察力；需要不断地进行从定量到定性的决策分析，挖掘数据的潜在价值；需要不断地调整和优化决策方案，确保决策的科学性和有效性。这样，才能形成从数据收集、数据分析、数据运用、反馈调整，再到数据收集的良性循环，使数据成为博物馆智慧大脑的"神经末梢"，为博物馆的科学管理和决策提供源源不断的动力和支撑。

在这个良性循环中，数据是核心和基石。需要建立完善的数据收集、整理和分析机制，确保数据的准确性、完整性和时效性。要加强数据的质量控制，对收集到的数据进行清洗、去噪、校验等处理，确保数据的可靠性和有效性。同时，还要加强对数据的安全保护和隐私保护，建立健全的数据安全管理制度和隐私保护机制，确保数据的安全性和合法性，防止数据泄露和滥用。

除了数据的收集、整理和分析外，还需要加强数据挖掘和运用。要深入挖掘数据的潜在价值，通过数据分析揭示观众的行为规律和需求特点，为博物馆的决策提供更加精准和有力的支持。同时，还要加强数据的可视化展示和传播，将数据分析的结果以图表、报告等形式直观地呈现出来，方便管理者和决策者快速了解和掌握数据的情况，提高决策的效率和准确性。

此外，还需要加强人才的培养和引进。数字化时代对博物馆的管理和运营提出了新的要求和挑战，需要具备数字化思维和技能的人才来支撑。要加强对现有员工的培训，提高他们的数字化素养和技能水平；同时，博物馆还要积极引进具备数字化背景和经验的人才，为博物馆的数字化转型提供强有力的人才保障。

定性分析与智能决策是数字化赋能博物馆智慧管理的重要组成部分。通过量化处理数据、深入分析挖掘数据价值、运用定性分析方法形成决策建议或方案，并不断优化决策过程，可以实现博物馆的科学管理和智能决策。这不仅能够提升博物馆的运营效率和服务质量，还能够满足观众的多元化需求，提升观众的参观体验感和满意度。同时，这也能够推动博物馆的创新发展和文化传承，让博物馆成为连接过去、现在和未来的桥梁。

三、以服务为宗旨，提升数据效能

（一）内容挖掘，"众包"提效

当前，博物馆作为文化传承与展示的重要殿堂，正站在历史与未来的交汇点上，面临着前所未有的机遇与挑战。随着数字技术的日新月异，文物实体所蕴含的显性信息，诸如形状、色彩、纹理等，已经能够通过高精度的数字采集手段，较为轻松地获取并再现于世人眼前。但是文物所承载的深厚历史底蕴和文化符号，那些隐藏在表象之下的隐性信息，却并非仅凭数字采集技术就能轻易揭示。这些隐性信息，往往是文物最为宝贵、最为核心的价值所在，它们构成了博物馆依托文物来传递和表达文化内容的基石，也是博物馆文化数字资源开发与利用的核心要义。

要深入挖掘文物的隐性信息，就必须对文物的人文属性信息进行丰富和完善。人文属性信息，简而言之，就是文物所蕴含的历史、文化、艺术、科学等多维度的内涵和价值。这些信息往往不是直观可见的，而是需要通过深入的研究和探索才能逐渐浮出水面。例如，一件古代陶器的制作工艺、纹饰寓意、使用功能，这些都是其人文属性的重要组成部分；一件书画作品的作者生平、创作背景、艺术风格，同样构成了其独特的人文魅力。挖掘这些人文属性信息，是揭示文物隐性信息的关键所在，也是提升文物价值和内涵的重要途径。

提高文物信息的维度，是挖掘文物隐性信息的重要手段。传统的文物信息记录，往往侧重于文物的物理属性和基本描述，如尺寸、材质、年代等。这些信息虽然重要，但只是文物的"冰山一角"，真正的宝藏隐藏在更深层次的人文属性信息中。因此，博物馆需要转变思路，从单一维度的信息记录向多维度的信息挖掘拓展。这不仅要求博物馆工作人员具备深厚的专业知识和研究能力，还需要借助现代科技手段，如大数据分析、人工智能等，对文物信息进行深度挖掘和整合。通过大数据技术的运用，可以从海量的文物数据中提取出有价值的信息，揭示文物之间的内在联系和规律；通过人工智能技术的应用，可以对文物进行智能识别和分类，提高信息处理的效率和准确性。

但是，在实际操作中，完善文物的人文属性信息并不是一件容易的事情。博物馆作为文化遗产的保护者和传承者，肩负着沉重的历史使命和责任。同时，博物馆的人力资源是有限的，面对海量的文物信息和复杂的研究任务，仅仅依靠博物馆自身的力量是远远不够的。因此，博物馆需要寻找新的路径和方法，来集合更多的社会力量参与文物的人文属性信息的完善工作。那么，如何解决博物馆面临的这一难题呢？国外的"众包"模式为我们提供了有益的借鉴。"众包"，是指把原本由指定人员完成的任务，通过互联网等平台，交给大众群体来完成。这种模式在软件开发、设计创新、数据标注等领域已经取得了显著成效，不仅大幅度地节约了成本，还极大地提高了工作效率和创新能力。将"众包"模式引入博物馆文物的人文属性信息的完善中，同样具有巨大的潜力和广阔的前景。

博物馆可以通过建立"线上"平台或合作伙伴关系，吸引广大公众、学者、爱好者等社会各界人士参与到文物的人文属性信息的完善中来。这些参与者可以根据自己的兴趣和专业背景，选择适合自己的任务并完成。历史学者可以负责研究文物的历史背景和文化内涵，挖掘其背后的历史故事和文化传承；艺术专家可以分析文物的艺术风格和创作技巧，揭示其独特的艺术魅力和价值；普通公众则可以通过自己的观察和体验，提供文物使用功能和生活场景等方面的信息，让文物更加贴近生活。

"众包"模式的优势在于其广泛性和多样性。通过集合众多参与者的智慧和力量，博物馆可以获取更加全面、准确、丰富的文物的人文属性信息。这些信息不仅可以填补博物馆自身研究的空白，还可以为文物的保护、展示、研究等方面提供更加有力的支撑和保障。同时，"众包"模式还可以激发公众的参与热情和文化认同感，增强博物馆的社会影响力和公信力。公众在参与过程中，可以更加深入地了解文物的历史和文化内涵，增强对文化遗产的保护意识和责任感；博物馆也可以通过公众的参与和反馈，不断改进和完善自己的工作，提高服务的质量和水平。

当然，实施"众包"模式也需要注意一些问题，主要有以下几个方面：

首先，要确保参与者的专业性和可靠性。博物馆需要对参与者进行一定的筛选和培训，确保其具备完成任务所需的基本知识和技能。可以通过设置门槛、审核机制等方式，对参与者的资质和能力进行把关；同时，要建立完善的激励机制和评价体系，鼓励参与者积极参与并提供高质量的信息；可以通过奖励机制、颁发荣誉证书等方式，对表现优秀的参与者进行表彰和奖励，激发其积极性和创造力。

其次，要加强数据的安全性和隐私保护。文物的人文属性信息往往涉及敏感的文化遗产和个人隐私，博物馆需要采取严格的数据管理措施和技术手段，确保数据的安全性和合法性。可以建立数据加密、备份等机制，防止数据泄露和丢失；同时，要加强对参与者数据使用行为的监管和管理，确保其遵守相关法律法规和道德规范。

除了"众包"模式外，博物馆还可以通过其他方式来完善文物的人文属性信息。例如，可以加强与高校、研究机构等学术界的合作与交流，共同开展文物研究和挖掘工作。高校和研究机构拥有丰富的学术资源和研究力量，可以为博物馆提供有力的学术支持和帮助；同时，博物馆也可以为高校和研究机构提供实践平台和数据资源，促进其学术研究和成果转化。可以经常性地邀请专家学者举办讲座、研讨会等活动，分享他们的研究成果和经验。通过专家学者的讲解和交流，可以拓宽博物馆工作人员的视野，提高其专业素养和研究能力，也可以为公众提供更加丰富多样的文化活动和体验。

除此之外，博物馆还可以利用现代科技手段，如虚拟现实（VR）技术、增强现实（AR）技术等，为观众提供更加沉浸式、互动式的文物体验和学习方式。通过虚拟现实（VR）技术，观众可以身临其境地感受文物的历史场景和文化氛围；通过增强现实（AR）技术，观众可以在现实世界中与文物进行互动和交流，更加直观地了解文物的历史和文化内涵。这些现代科技手段的应用，不仅可以提升观众的参观体验感和学习效果，还可以为文物的人文属性信息的完善提供新的思路和方法。

在完善文物的人文属性信息的过程中，博物馆还需要注重信息的整合与共享。文物的人文属性信息往往分散在不同的部门、机构和个人手中，如何实现信息的有效整合和共享是一个亟待解决的问题。博物馆可以建立统一的信息管理平台和标准规范体系，促进信息的互通有无和共享利用。通过信息管理平台的建立，可以实现文物的人文属性信息的集中存储、管理和查询；通过标准规范体系的制定和实施，可以确保信息的准确性和一致性，提高信息的质量和可用性。

同时，博物馆要加强与其他博物馆、文化遗产保护机构等的合作与交流，共同推动文物的人文属性信息的完善与发展。博物馆之间可以开展联合研究、资源共享、举办展览等活动，加强彼此之间的合作与交流。文化遗产保护机构可以为博物馆提供专业的保护技术和方法支持，帮助博物馆更好地保护和利用文物的人文属性信息。

内容挖掘是博物馆文化数字资源开发与利用的核心所在。通过不断完善文物的人文属性信息来提高文物信息的维度，可以深入挖掘文物的隐性信息并传达给广大观众。在此过程中，博物馆可以借鉴国外的"众包"模式，集合更多的社会力量参与文物的人文属性信息的完善工作。这不仅可以大幅度节省经费、提高工作效率和加快研究进度，还可以在短时期内提升博物馆的文化内涵和社会影响力。此外，博物馆还需要注重信息的整合与共享、加强与学术界的合作与交流、利用现代科技手段提升观众的体验和学习效果等方面的工作，以全面提升博物馆的服务水平和质量。

（二）开放资源，活化利用

文物是历史的见证者，是文化的传承者，它们承载着深厚的历史底蕴和丰富的文化内涵。当这些历经沧桑、饱经风霜的文物以数字的形式呈现在世人面前时，它们便跨越了时间和空间的限制，以一种更加生动、直观、便捷的方式走进人们的视野，让人们能够近距离地感受历史的厚重和文化的魅力。在数字化浪潮的推动之下，博物馆这一文化传承与展示的神圣殿堂，正积极探索着文物数字资源的活化利用之路。博物馆文化数字资源的活化利用，其卓越目标在于让这些珍贵的文化遗产逐步融入社会生活的每一个角落，实现"泛在化"的宏伟愿景。也就是说，我们要让文物的数字形象无处不在，让它们成为人们日常生活中不可或缺的一部分，让历史的脉搏在现代社会的每一个角落跳动。

近年来，博物馆在文物数字资源的活化利用方面进行了诸多有益的尝试，尤其是在非正式学习领域取得了令人瞩目的成效。借助虚拟现实（VR）技术、增强现实（AR）技术、三维扫描等高新技术手段，博物馆将文物的数字模型、高清图片、互动体验等内容巧妙地融入展览、教育活动中，为观众提供了更加丰富、多元、立体的参观体验。观众不仅可以在虚拟环境中身临其境地近距离观赏文物的细节，还可以通过互动体验深入了解文物的制作工艺、历史背景等深层次信息。这些创新性的尝试，不仅极大地提升了观众的参观兴趣，也加深了他们对历史文化的理解和认同，让博物馆成为人们学习历史文化、感受文化魅力的重要场所。

目前，博物馆在非正式学习领域的文物数字资源活化利用方面有诸多成功案例，但在正式教育领域与国民教育系统的融合方面还显得不足。国民教育作为培养未来社会公民的重要途径，承担着传承中华优秀传统文化的历史重任。博物馆丰富的数字资源，作为历史文化的重要载体，理应成为国民教育体系中不可或缺的一部分，为培养学生的历史文化素养和民族自豪感发挥积极作用，而目前博物馆数字资源与教材的融合程度还不够深入，许多历史知识在教材中只是以文字形式呈现，缺乏直观的文物图像和互动体验，难以激发学生的学习兴趣和探究欲望。学生们在面对枯燥乏味的文字时，往往难以产生对历史的浓厚兴趣和深入探究的欲望，这无疑影响了历史文化教育的效果。

对此，博物馆需要进一步开放其数字资源，加强与国民教育系统的融合，让文物数字资源成为教材中的重要元素。博物馆作为文物数字资源的宝库，拥有海量的高清图片、三维模型、互动体验等数字素材，这些素材不仅可以丰富教材的内容形式，还可以提升教材的教学效果。想象一下，当历史教材中的某一章节讲述到某个历史时期或事件时，如果能够穿插相关的文物数字资源，如一幅栩栩如生的高清图片、一个可以旋转查看的三维模型、一个引人入胜的互动体验等，那么，学生就能够更加直观地感受到历史的厚重和文化的魅力。这种图文并茂、生动有趣的教学方式，无疑将极大地激发学生的学习兴趣和探究欲望，促使他们更加深入地了解和学习传统文化。要实现博物馆文化数字资源与国民教育系统的深度融合，并非一蹴而就，需要博物馆、教育部门、教材编写者等多方面的共同努力。

博物馆作为文物数字资源的提供者，需要积极开放其资源，为教育部门提供丰富、优质、适合教学需求的数字素材。博物馆应该建立起完善的数字资源库和共享平台，方便教育部门和教育工作者随时获取和使用这些资源。同时，博物馆还可以与教育部门合作，共同开发适合不同年龄段学生的教育课程和活动，将文物数字资源融入课堂教学中，让学生在课堂上就能够感受到博物馆的魅力。例如，可以组织学生进行虚拟博物馆参观活动，让他们在虚拟环境中近距离观赏文物、了解历史；还可以开展以文物为主题的互动体验活动，让学生在实践中感受文化魅力、增强对历史的认知。

教育部门作为国民教育的主管部门，也应积极推动博物馆数字资源与教材的融合。在制订教材编写计划时，教育部门应该充分考虑博物馆数字资源在教材中的重要作用，建议明确要求教材编写者充分利用博物馆的数字资源来丰富教材内容。同时，教育部门还可以加大对教师的培训力度，提高他们利用博物馆数字资源进行教学的能力和水平。教师应该掌握获取、筛选和使用博物馆数字资源的方法和技巧，能够将这些资源巧妙地融入课堂教学中去，激发学生的学习兴趣和探究欲望。此外，教育部门还可以鼓励和支持教师开展以博物馆数字资源为基础的教学创新和实践探索活动，推动历史文化教育的改革和发展。

教材编写者作为教材的具体实施者，需要充分认识到博物馆数字资源在教材中的重要作用和价值。在编写教材时，教材编写者应该积极探索将文物数字资源融入教材的方式和方法，力求做到图文并茂、生动有趣、易于理解。他们应该根据教学内容和学生的实际需求选择合适的文物数字资源，并将其巧妙地穿插到教材相应的章节和知识点中。同时，教材编写者还需要关注学生的学习需求和兴趣点，确保教材的内容能够贴近学生的实际生活和学习，激发他们的学习兴趣和探究欲望。

除了博物馆、教育部门和教材编写者的努力外，还需要加强技术研发和创新，为博物馆文化数字资源与国民教育系统的融合提供有力支撑。技术研发和创新是推动博物馆文化数字资源与国民教育系统融合的重要保障，应该加大技术研发力度，开发更加先进、易用的数字化教学平台和工具，方便教师和学生在课堂上使用博物馆的数字资源。这些平台和工具应该具有直观易用的界面、丰富多样的功能和强大的互动性，能够满足教师和学生不同的需求。同时，还可以研发更加智能、互动的文物数字展示方式和技术手段，让学生能够更加深入地了解和体验文物的魅力和价值。例如，可以利用虚拟现实（VR）技术来模拟文物的制作过程和历史场景，让学生身临其境地感受历史的厚重和文化的魅力；还可以利用增强现实（AR）技术将文物数字资源与现实生活相结合，让学生在日常生活中也能够随时随地了解和学习历史文化。

在推动博物馆文化数字资源与国民教育系统融合的过程中，还需要注重文化的传承和创新。博物馆的数字资源不仅是对历史文化的记录和保存，也是对传统文化的传承和发展。因此，在将博物馆数字资源融入教材时，要注重对传统文化的挖掘和阐释，让学生能够更加深入地了解传统文化的内涵和价值。应该通过教材来传递传统文化的精髓和魅力，引导学生认识和尊重传统文化，增强民族自豪感和文化自信。同时，还要鼓励学生对传统文化进行创新和发展，让传统文化在现代社会中焕发出新的生机和活力。应该鼓励学生将传统文化与现代科技相结合，创造出具有时代特色的新文化产品和服务；还应该支持学生开展以传统文化为主题的实践活动和项目研究，培养他们的创新精神和实践能力。

开放资源、活化利用是推动博物馆文化数字资源与国民教育系统深度融合的重要途径和有效手段。通过加强博物馆、教育部门、教材编写者等多方面的合作与努力，可以让博物馆丰富的数字资源成为教材中的重要元素和亮点，让历史知识通过博物馆文化数字资源的巧妙穿插和融合贯穿整个国民教育阶段。这样不仅能够激发学生的学习兴趣和探究欲望，提高他们的历史文化素养和民族自豪感；还能够让他们更加深入地了解和学习历史文化、感受文化的魅力和价值，从而更好地坚定文化自信、树立起精神大厦，为传承中华优秀传统文化贡献自己的力量。同时，也应该认识到，这是一个长期而艰巨的任务，需要各方共同努力、持续推进，才能够取得更加显著的成效。

（三）整合资源，知识关联

当前博物馆、图书馆、档案馆作为文化传承与知识传播的重要机构，正站在历史的转折点上，面临着前所未有的机遇与挑战。它们各自拥有丰富的文化资源：博物馆珍藏着历史的见证者——文物，这些文物如同时间的信使，诉说着过去的辉煌与沧桑；图书馆囤积着智慧的结晶——图书，这些图书如同知识的海洋，汇聚着人类无尽的智慧与思考；档案馆则记录着时代的轨迹——档案，这些档案如同历史的镜鉴，映照出社会发展的脉络与变迁。

这些资源散落在文化的浩瀚"海洋"中，等待着被串联成完整的文化脉络。这种跨机构文化资源的整合利用，本质上是对分散于博物馆、图书馆、档案馆等文保单位的异构化数字资源进行系统性重组的过程。通过构建基于元数据标准的跨域互操作框架，可实现多源异构数据的语义关联与知识聚合。这种以数字生态系统为载体的协同机制，不仅能够突破机构间的"数据孤岛"现象，也可以通过建立多维度的知识关联网络，形成结构化的文化遗产知识图谱，从而为文化遗产价值的创新性转化与深度挖掘提供技术支持。

未来，博物馆、图书馆、档案馆三馆之间的合作将成为文化领域发展的必然趋势。这种合作，不仅是物理空间上的简单并置，还是资源、信息、知识的深度融合与共享。为了实现这一目标，需要打破各馆之间的信息壁垒，实现数据的互联互通和共享共用，而数据库跨库合作模式正是实现这一目标的有效途径。数据库跨库合作，意味着三馆的数字化资源将不再孤立存在，而是形成一个庞大而紧密的数据网络。在这个网络中，博物馆的文物数据、图书馆的图书资源、档案馆的档案数据将相互交织、相互补充，共同构建起一个全方位、多层次的文化知识体系。这个体系，如同一张巨大的知识图谱，将博物馆、图书馆、档案馆三馆的资源以更加直观、更加系统的方式呈现出来。

知识图谱作为一种新兴的知识表示方式，具有强大的知识组织和表达能力。它能够将复杂的知识结构以图形化的方式展示出来，使得知识的关联性和层次性一目了然。在博物馆、图书馆、档案馆三馆合作中，知识图谱将发挥举足轻重的作用。可以围绕博物馆的各大主题，如历史、艺术、科技、自然等，建立起文物数据、档案数据、图书资源、研究资料、科研成果、历史故事之间的关联化、系统化脉络。

具体来说，对于博物馆中的每一件文物，都可以通过知识图谱将其背后的历史故事、相关研究成果和学术讨论串联起来。例如，当观众在参观一件古代瓷器时，他们不仅可以通过知识图谱了解到这件瓷器的制作年代、工艺特点、艺术价值等基本信息，还可以进一步了解到这件瓷器在历史上的流传经历、与之相关的历史事件和人物，以及学术界对这件瓷器的研究成果和学术讨论。这样，观众就能够获得更加全面、深入的文化体验，而不仅仅是对文物的简单欣赏。

然而，要实现这样的知识关联，并不是一件容易的事情。博物馆、图书馆、档案馆三馆的资源种类繁多、格式各异，数据的质量也参差不齐。博物馆的文物数据可能包括文物的图片、描述、尺寸、年代等多种信息；图书馆的图书资源可能包括书名、作者、出版社、ISBN信息、摘要、全文等多种内容；档案馆的档案数据则可能包括档案的标题、日期、内容、背景等多种信息。这些数据之间存在着复杂的关联，要想将它们整合在一起，形成一个完整的知识图谱，就需要对数据进行深入的清洗、筛选和整理。具体做法有以下几点。

首先，需要对数据进行清洗，去除其中的噪声和冗余信息，确保数据的准确性和可靠性。例如，对于文物数据中的年代信息，可能需要通过历史考证和专家鉴定来确认其准确性；对于图书资源中的摘要和全文，可能需要通过自然语言处理技术来提取其中的关键信息和知识点。

其次，需要建立统一的数据标准，使得不同来源的数据能够相互兼容、相互匹配。例如，对于文物的描述信息，可以制定一套统一的描述规范，包括描述的内容、格式、语言等；对于图书的元数据，也可以制定一套统一的元数据标准，包括书名、作者、出版社、ISBN信息等。这样，才能够确保不同来源的数据能够在统一的知识图谱中相互关联、相互补充。

在此过程中，人工智能技术将发挥重要的作用。通过自然语言处理、机器学习等技术手段，可以对大量的文本数据进行智能化分析和处理，提取出其中的关键信息和知识点。这些信息点将成为知识图谱中的节点，通过相互关联连接，形成一个庞大的知识网络。例如，可以利用自然语言处理技术对图书全文进行语义分析，提取其中的主题、观点、论据等信息；然后，将这些信息与知识图谱中的其他节点进行关联，形成一个更加完整、系统的知识体系。

除了知识图谱和人工智能技术外，引文分析也是实现知识关联的重要手段。通过对文献之间的引用关系进行分析，引文分析可以揭示出知识之间的传承和发展脉络。在博物馆、图书馆、档案馆三馆合作中，可以利用引文分析技术对研究资料、科研成果等学术资源进行深度挖掘和分析。具体来说：

首先，可以对博物馆中与文物相关的研究论文进行引文分析，找出哪些论文引用了这件文物的相关信息，以及这些论文之间的引用关系。这样，就可以了解到这件文物在学术界的研究状况和学术价值。

其次，还可以对图书馆中的图书资源进行引文分析，找出哪些图书被引用了最多次，以及这些图书之间的引用网络。这样，就可以了解到哪些图书是学术界的经典之作，以及它们之间的学术传承关系。

再次，还可以对档案馆中的档案数据进行引文分析，找出哪些档案被频繁引用，以及这些档案在历史事件中的地位和作用。这样，就可以了解到这些档案的历史价值和学术意义。

当这些知识关联的技术手段被应用到博物馆、图书馆、档案馆三馆合作中时，观众将能够通过一个统一的单点登录界面，查询到与关键词相关的所有内容。无论是博物馆的文物数据、图书馆的图书资源，还是档案馆的档案数据，都将在这个界面中得到统一呈现。这样，观众就无须在不同的机构之间来回切换，就能够获取到全面、系统的文化知识和信息。

更进一步来说，还可以运用语音导览技术，为观众提供更加便捷、生动的导览服务。通过语音导览技术，观众可以与博物馆机器人进行对话，询问自己感兴趣的问题或获取特定的文化知识和信息。机器人将根据观众的提问和需求，从知识网络中提取相关信息点，并以生动、有趣的方式讲述给观众听。

例如，当观众在参观博物馆时，他们可以通过语音导览技术向机器人提问："这件文物的历史背景是什么？"机器人就会立即从知识网络中提取出这件文物的相关信息，包括它的制作年代、历史流传经历、与相关历史事件和人物的关联等，并以生动的语言讲述给观众听。这样，观众就能够在参观博物馆的过程中，不断地与机器人进行互动，获取更加丰富、多样的文化体验。

这种"泛在化"的知识网络，将使得文物背后的故事不再被尘封于历史深处，而是通过各种终端和习得性指令生动地讲述出来。无论是手机、平板电脑，还是智能眼镜等终端设备，都能够成为观众获取文化知识和信息的窗口。观众可以随时随地通过这些终端设备访问知识网络，获取自己感兴趣的文化知识和信息。而习得性指令，则让观众能够根据自己的兴趣和需求，随时随地获取特定的文化知识和信息。

例如，观众可以通过语音指令让机器人讲述某件文物的历史故事，或者通过文本指令查询某本图书的相关信息和评价。这样，观众就能够更加自主地掌握文化学习进程，获取更加个性化、定制化的文化体验。

博物馆、图书馆、档案馆三馆合作下的知识关联与共享，不仅将极大丰富和拓展博物馆文物数字资源的开发深度和广度，还将为观众提供更加便捷、高效、生动的文化服务和体验。观众在参观博物馆时，将不再只是被动地接受信息，而是能够主动地参与到文化的传承与发展中来。他们可以通过与机器人对话，深入了解文物背后的历史故事和文化内涵；可以通过浏览和探索知识图谱，发现不同文化之间的关联和共通之处；还可以通过引文分析，了解和掌握学术研究的最新动态和热点话题。这样，观众就能够更加全面地了解文化的多样性和丰富性，从而增强自己的文化认同感和归属感。

整合资源、知识关联是博物馆、图书馆、档案馆三馆合作的新篇章。通过数据库跨库合作模式实现数据共享，运用知识图谱、人工智能、引文分析等技术手段构建起"泛在化"的知识网络，我们将为观众提供更加全面、系统、深入的文化知识和信息服务，这将有助于推动文化传承与发展，提升观众的文化素养和审美能力，营造更加和谐、美好的社会文化环境。

四、以人才为依托，提高创新能力

（一）内外循环，联合培养

在博物馆这一承载文化传承与展示重任的舞台上，技术翻译者的角色显得尤为独特且重要。他们不仅是技术的熟练掌握者，也是博物馆业务的深入洞察者，如同桥梁一般，将高深的技术语言转化为博物馆业务能够理解和应用的形式，有力推动了技术与博物馆业务的深度融合。但是，这样既精通技术又熟悉博物馆业务的复合型人才，在博物馆领域难能可贵，一直极为稀缺。

审视我国当前的国民教育专业目录，不难发现，并未设置此类跨学科的专业，这无疑为博物馆寻找和培养这类人才增添了不小的难度。面对这一现状，博物馆不能消极等待，而应主动出击，积极创造条件，拓宽渠道，联合各方力量共同培养这类复合型人才，这既是博物馆自身发展的迫切需求，也是对文化传承与创新时代呼唤的积极响应。

内循环，作为博物馆培养技术翻译者的重要途径之一，发挥着举足轻重的作用。博物馆可以通过内部人员流动和轮岗制度来着力培养复合型人才。在人才培养的过程中，博物馆应创造机会让这些人才进入各个业务部门，深入了解博物馆的业务流程和工作特点。这种内循环的方式，不仅有助于打破部门之间的壁垒，促进不同部门之间的沟通与协作，还能为复合型人才的成长提供肥沃的土壤。

以博物馆的文史研究部门为例，这里蕴藏着丰富的历史文化知识和文物知识，技术翻译者在这里可以接触到文物的历史背景、文化内涵和价值意义，这是他们理解博物馆业务的基础，也是他们将来在技术应用中能够更好地融入博物馆文化元素的前提。通过与文史研究人员的密切合作，他们可以逐渐培养出对文物的敏感性和鉴赏力，为日后的技术工作打下坚实的基础。这种对文物的深入了解和感悟，将使他们在技术应用时更加注重文物的文化内涵和历史价值，从而避免技术与文化脱节的现象。

文物保管部是博物馆中负责文物保护和管理的重要部门。在这里，技术翻译者可以学习到文物的保管、修复和保护技术，了解文物的物理特性和化学性质，以及如何防止文物的老化和损坏。这些知识对于他们将来在技术开发和应用中考虑文物的安全性和保护性是至关重要的。通过参与文物保管部的工作，他们可以更加深入地了解文物的珍贵性和脆弱性，从而在技术工作中更加谨慎和负责。他们将学会如何在技术应用中确保文物的安全，避免对文物造成任何潜在的损害，为博物馆的文物保护工作提供有力的技术支持。

陈列展览部是博物馆中负责展览策划和实施的部门。在这里，技术翻译者可以接触到展览的设计、布局和展示方式，了解如何通过技术手段提升展览的观赏性和互动性。他们可以与陈列展览部的工作人员一起探讨如何利用虚拟现实（VR）技术、增强现实（AR）技术等先进技术为观众提供更加沉浸式的展览体验。这种全新的展览方式将让观众仿佛置身于历史场景中，更加直观地感受文物的魅力和历史的厚重。深度、全方位地参与陈列展览部的工作，不仅可以帮助他们拓宽视野、增强创新意识，还可以为他们日后的技术工作注入更多的创意和活力。他们将学会如何将技术与展览内容完美结合，打造出既具有观赏性又具有教育意义的展览，为博物馆的观众带来全新的视觉享受和文化熏陶。

技术部是博物馆中负责技术开发和应用的核心部门。在这里，技术翻译者可以充分发挥自己的技术优势，参与到博物馆的数字化建设、信息系统开发和维护等工作中。他们可以与技术部的工作人员一起研究如何利用新技术解决博物馆业务中的实际问题，从而提升博物馆的管理和服务水平。例如，他们可以开发智能化的导览系统，让观众更加方便地了解展览内容和文物信息；还可以建立数字化的文物数据库，为文物的保护和研究提供有力的数据支持。在技术部的工作实践，不仅可以不断提升他们的技术能力和实战经验，还可以为他们将来成为优秀的技术翻译者打下坚实的基础。

除了内循环外，外循环也是博物馆培养技术翻译者不可或缺的重要方式。通过博物馆间的互派人员挂职锻炼，学习对方先进的经验和做法，可以拓宽复合型人才的视野，增强他们的学习能力和适应能力。这种挂职锻炼的方式，不仅可以让技术翻译者了解到其他博物馆在技术应用方面的成功案例和创新做法，还可以让他们在实践中学习和掌握新的技术和方法。同时，这种交流与合作也有助于促进博物馆之间的沟通与发展，推动博物馆事业共同进步。

在挂职锻炼期间，实行"导师制"是一种极为有效的培养方式。导师可以是博物馆中的资深专家或业务骨干，他们具有丰富的经验和深厚的专业素养，能够为新人提供全方位的指导和帮助。新人可以在导师的带领下，全程参与业务工作，深入了解博物馆的业务流程和工作特点。导师可以"手把手"地传授经验和技能，帮助他们快速适应工作环境，提升自己的业务素养和综合能力。这种"传帮带"的方式，不仅有助于新人的成长和发展，还有助于博物馆人才队伍的梯队建设。导师的悉心指导，可以培养出一批批优秀的复合型人才，为博物馆的持续发展提供有力的人才保障。同时，"导师制"还可以促进博物馆内部的知识传承和文化传承，让博物馆的宝贵经验和文化遗产得以延续和发扬。

在实施内外循环联合培养的过程中，为确保培养效果和质量，博物馆还需要注重以下几个方面的工作：

首先，要制订完善的培养计划和方案。博物馆应根据自身的实际需求和人才的发展特点，制订切实可行的培养计划和方案。这一计划应明确培养目标、培养内容、培养方式和培养时间等关键要素，确保培养工作的有序进行。同时，博物馆还应建立相应的考核机制和评价体系，对培养效果进行定期评估和反馈。通过考核和评价，可以及时了解培养工作的进展情况和存在问题，及时调整和优化培养计划，确保培养目标的实现。

其次，博物馆要加强与高校和科研机构的合作与交流。高校和科研机构是人才培养的重要基地，拥有丰富的教育资源和强大的科研实力。博物馆可以与它们建立紧密的合作关系，共同开展人才培养和科研工作。通过合作与交流，博物馆可以引进先进的理念和技术手段，提升自身的培养水平和科研能力。同时，还可以借助高校等科研机构的师资力量和科研平台，为博物馆的技术翻译者提供更多的学习和实践机会，促进他们的全面发展。

再次，要注重实践锻炼和能力提升。实践是检验真理的唯一标准，也是人才培养的重要途径。博物馆应为专业人才提供足够的实践机会和平台，让他们在实践中不断锻炼和提升自己的能力。可以通过参与实际项目的开发和实施，将所学知识应用于实际工作中，积累实践经验，提高解决问题的能力。同时，还可以鼓励他们参加各种技术交流和研讨会，拓宽视野，了解行业最新动态和技术发展趋势，提升自己的专业素养和创新能力。

最后，博物馆还应注重营造良好的人才培养氛围和文化环境，要营造一种尊重知识、尊重人才的良好氛围，让技术人才感受到自己的价值和地位。可以通过设立奖励机制、举办技术比赛等方式，激励技术人才积极参与学习和实践，激发他们的创新热情和创造力。同时，还应加强博物馆内部的文化建设，传承和弘扬博物馆的优秀传统和文化精神，让技术人才在潜移默化中受到影响和熏陶，增强他们对博物馆事业的认同感和归属感。

内外循环、联合培养是打造博物馆技术翻译者复合型人才队伍的有效途径。通过内循环的方式，让专业人才深入博物馆各个业务部门熟悉业务，提升他们的业务素养和综合能力；通过外循环的方式，学习对方先进的经验和做法，拓宽视野和思路，并建立"导师制"进行"传帮带"，促进他们的快速成长。只有这样，才能培养出既懂技术又懂博物馆业务的复合型人才，为博物馆的持续发展注入新的活力和动力，推动博物馆事业不断迈向新的高度。

（二）对外交流，与时俱进

在科技日新月异的今天，各行各业都在经历着前所未有的转型与升级。博物馆，这一承载着深厚文化底蕴和历史记忆的独特领域，也在高新技术的推动下迎来了文物数字化建设的新篇章。作为从事博物馆文物数字化建设的专业人才，肩负着将传统与现代、文化与科技相融合的崇高使命，因此，必须紧跟技术发展的步伐，不断充实自己，提升自己的专业素养和综合能力，以应对这个充满挑战与机遇的时代。

博物馆文物数字化建设不仅仅是一项技术活，也是一项深具文化意义的工程。这要求博物馆文物数字化建设专业人才在熟练掌握先进技术的同时，还要对博物馆的文物、历史、文化有深入的了解和独特的见解。文物是历史的见证者，是文化的传承者，它们蕴含着丰富的信息和深刻的意义；而数字化技术，则是解读这些信息、传承这些意义的有力工具。因此，作为博物馆文物数字化建设专业人才，不能满足于现有的知识水平和技能储备，而是要时刻保持学习热情和求知欲，通过不断学习来丰富和完善自己的知识储备，以便更好地服务于文物的数字化建设。

在这个信息爆炸的时代，学习的途径和方式多种多样，提供了广阔的学习空间和便捷的学习条件。可以利用网络资源，"在线"学习最新的技术知识和了解行业动态，了解国内外在文物数字化建设方面的最新进展和成果。网络课程丰富多样，可以根据自己的需求和兴趣进行选择，随时随地进行学习。同时，还可以参加各种专业培训课程，系统地提升自己的专业技能。这些培训课程通常由行业内的专家和学者主讲，他们不仅拥有深厚的理论功底，还具备丰富的实践经验，能够提供全面、系统的培训和指导。

此外，还可以阅读相关的书籍和文献，深入了解文物数字化建设的理论和实践。书籍和文献是知识的宝库，它们记录了人类在历史长河中积累的智慧和经验，是学习的重要资源。通过阅读，可以汲取前人的智慧，站在巨人的肩膀上看得更远、走得更稳；但是，这些学习方式虽然是必要的，但往往缺乏面对面的交流和互动，学习者难以真正领略技术的魅力和文化的深度。

　　因此，充分借助博物馆协会举办的各类业务交流会，是提升自我、拓宽视野的重要途径。博物馆协会作为行业内的权威组织，经常举办各种业务交流会，邀请行业内的专家和学者分享最新的技术成果和实践经验。这些交流会不仅提供了一个学习新知识、新技术的平台，还提供了一个与同行交流、切磋的机会。通过参加这些交流会，可以近距离接触到行业的前沿动态，了解到最新的技术趋势和发展方向。同时，还可以与来自各地的同行进行深入交流和探讨，共同分享工作中的心得和体会，相互学习、相互启发。这种面对面的交流和互动，能够让人更加直观地感受到技术的魅力和文化的深度，激发学习兴趣和创新力。

　　每两年举办一次的中国博物馆及相关产品与技术博览会，更是博物馆文物数字化建设专业人才不可错过的盛会。这场博览会汇聚了国内外的众多博物馆、科技企业、高校和研究机构，展示了最新的博物馆数字化建设成果和技术产品。在这里，可以看到各种先进的数字化技术在博物馆中的应用和实践，感受到科技为博物馆带来的巨大变革和无限可能。无论是虚拟现实技术、增强现实技术，还是人工智能技术，都在博物馆的数字化建设中发挥着重要作用。通过参观博览会，可以目睹这些技术的魅力和威力，了解它们在博物馆中的应用场景和效果。同时，还可以与参展的企业、机构进行直接沟通和交流，了解他们的技术产品和服务内容，为博物馆的文物数字化建设寻找更多的合作机会和伙伴。这种直接的沟通和交流，能够更加深入地了解市场的需求和动态，为工作提供有力的支持和保障。

　　除了参加行业内的交流会和博览会外，还需要走出博物馆，加大与企业、高校的合作交流力度。企业是技术创新的主体，它们拥有先进的技术和丰富的实践经验。通过与企业的合作交流，可以了解到最新的技术发展和市场动态，学习到企业的管理模式和运营经验。企业通常处于技术发展的前沿，不断研发新技术、新产品，以满足市场的需求。与博物馆合作，可以让他们更好地了解博物馆的需求和特点，为博物馆提供更加有针对性、实用性的技术产品和服务。同时，博物馆还可以与企业共同开展技术研发和项目合作，将博物馆的文物数字化需求与企业的技术优势相结合，推动博物馆文物数字化建设的创新发展。这种合作不仅可以促进技术的进步和应用，还可以推动博物馆的数字化建设进程，提升博物馆的展示效果和服务水平。

高校是人才培养的摇篮，拥有雄厚的师资力量和丰富的教学资源。通过与高校的合作交流，博物馆可以借助高校的科研力量和技术平台，开展博物馆文物数字化建设的理论研究和实践探索。高校拥有众多的专家学者和研究生，他们在文物数字化建设方面有着深入的研究和丰富的实践经验，与博物馆的合作，可以让他们将理论与实践相结合，为博物馆提供更加科学、合理的数字化建设方案和建议。同时，博物馆还可以与高校共同培养博物馆文物数字化建设专业人才，为博物馆的可持续发展提供有力的人才保障。通过合作培养，可以将博物馆自身的实际需求和高校的教学资源相结合，培养出既具备专业知识又具备实践能力的复合型人才，为博物馆的数字化建设注入新的活力和动力。

在与企业、高校的合作交流中，需要注重理论与技术的更好结合。理论是实践的指南，它提供了思考问题和解决问题的框架和方法；而技术是实践的手段，它将相关想法和方案转化为具体的操作和成果。只有将理论与技术相结合，才能推动博物馆文物数字化建设的深入发展。因此，文物数字化建设专业人才要积极参与企业、高校的合作项目，将自己在博物馆工作中的实践经验和问题与企业的技术优势和高校的科研力量相结合，共同探索博物馆文物数字化建设的新模式和新路径。这种合作模式不仅可以促进技术的创新和应用，还可以推动理论的完善和发展，为博物馆的数字化建设提供有力的支撑和保障。

作为博物馆文物数字化建设的专业人才，还需要具备开放的心态和创新的思维。开放的心态是接纳和吸收新技术、新理念的基础。在这个日新月异的时代，新技术、新理念层出不穷，只有保持开放的心态，才能及时了解和掌握这些新技术、新理念，为博物馆的文物数字化建设注入新的活力和动力。同时，创新思维是推动博物馆文物数字化建设不断前进的关键。只有敢于打破传统的思维定式和工作模式，勇于尝试新的技术和手段，才能不断推动博物馆文物数字化建设的创新和发展。因此，要敢于挑战自我，敢于突破常规，不断探索新的数字化建设方式和方法，为博物馆的文物数字化建设贡献自己的力量。

此外，还要注重团队合作和沟通协作能力的培养。博物馆文物数字化建设是一项系统工程，需要多个部门和多个专业的协同合作。只有具备良好的团队合作精神和沟通协作能力，才能与不同部门和不同专业的人员进行有效沟通和协作，共同推动博物馆文物数字化建设的顺利进行。因此，文物数字化建设专业人才要注重培养自己的团队合作意识和沟通协作能力，学会倾听他人的意见和建议，尊重他人的想法和成果，共同为博物馆的文物数字化建设贡献力量。

在对外交流的过程中，还要注重树立和传播文化自信。博物馆作为文化传承与展示的重要场所，其文物数字化建设不仅要展示文物的外在形态和内在价值，还要传递中华文化的独特魅力和深厚底蕴。因此，在文物数字化建设中要注重文化元素的融入和传播，让更多的人通过数字化手段了解和感受到中华文化的博大精深和独特魅力。同时，还要积极向世界展示中国博物馆的数字化建设成果和特色，让世界更加了解和认可中国的博物馆文化。对外交流、与时俱进也是博物馆文物数字化建设专业人才成长的必由之路。

（三）健全政策，营造环境

当今，创新已成为推动社会进步和经济发展的核心动力，而创新人才作为创新的主体和源泉，更是各国竞相争夺的宝贵资源。为了吸引并留住这些宝贵人才，必须为他们提供优质的服务保障，营造一个宜居宜业的人才环境。对此，可以从政策、制度、文化等多个方面入手，全面构建和完善人才服务保障体系与创新生态系统。具体做法有：

首先，提供更加优质的人才服务保障是吸引和留住创新人才的关键。创新人才往往面临着诸多挑战和困难，其中，知识产权保护、法律服务、子女入学等方面的问题尤为突出。这些问题不仅关系到创新人才的切身利益，而且直接影响到他们的创新积极性和创造力。因此，必须高度重视，切实为创新人才消除后顾之忧。

在知识产权保护方面，要建立健全相关法律法规和政策体系，为创新人才提供有力的法律保障。这意味着要加强知识产权的立法工作，明确知识产权的归属、使用、转让等各方面的规定，确保创新人才的权益得到充分保护。同时，要加大知识产权的执法力度，严厉打击侵权行为，维护创新人才的合法权益。对于侵犯知识产权的行为，要依法予以惩处，形成有效的震慑力。此外，还要加强知识产权的宣传和培训，提高创新人才的知识产权意识和保护能力。通过举办各种知识产权讲座、培训班等活动，让创新人才了解知识产权的重要性，学会保护自己的知识产权。

在法律服务方面，要为创新人才提供便捷、高效的法律咨询服务，这意味着要建立专业的法律服务团队，为创新人才提供个性化的法律解决方案。这个团队要具备丰富的法律知识和实践经验，能够针对创新人才的不同需求提供有针对性的法律服务。同时，还要加强与相关部门的沟通和协调，为创新人才提供"一站式"法律服务。通过与法院、检察院、司法局等部门合作，为创新人才提供全方位的法律支持，让他们在遇到法律问题时能够及时得到帮助。

在子女入学方面，要为创新人才的子女提供优质的教育资源，这意味着要加强与教育部门的合作，为创新人才的子女提供优先入学的机会和优惠政策。可以通过与学校建立合作关系，为创新人才的子女提供更多的入学名额和更好的教育条件。同时，还要关注创新人才的子女在成长过程中的心理需求，提供全面的关爱和支持。学校通过设立心理咨询机构、开展亲子活动等方式，为创新人才的子女提供更多的关爱和帮助，让他们在阳光下健康成长。

除了上述具体问题的解决外，还要注重营造一种吸引人才、留住人才的良好环境，不仅要关注创新人才的物质需求，还要关注他们的精神需求，营造良好的文化氛围。要打造一种开放、包容、创新的文化环境，让创新人才在这里能够感受到尊重，有归属感和成就感。为了实现这一目标，需要建立更加完善的创新服务制度。创新服务制度是保障创新人才权益、激发创新活力的重要基础，要建立健全人才引进、培养、使用、评价和激励等各个环节的制度体系，为创新人才提供全方位的服务和支撑。

在人才引进方面，要制定更加灵活开放的人才引进政策，放宽人才引进的条件和限制，为优秀人才提供更多的发展机会和发展空间。同时，还应加强与海外人才机构的合作与交流，拓宽人才引进的渠道。通过与海外高校、科研机构、企业等建立合作关系，吸引更多的海外优秀人才来华工作和创新。此外，还要注重对引进人才的后续服务和支持，让他们能够安心工作、舒心生活。通过提供住房、医疗、教育等方面的保障，让引进人才感受到家的温暖和关怀。

在人才培养方面，要建立健全人才培养体系，为创新人才提供持续的学习和发展机会。这意味着要加强与高校、科研机构的合作与交流，共同培养具有创新精神和实践能力的人才。通过与高校建立联合培养机制，让更多的学生接触到前沿的科技知识和创新理念。同时，还要注重创新人才的实践锻炼和经验积累，让他们在实践中不断成长和进步。通过设立创新实践基地、开展创新项目等方式，为创新人才提供更多的实践机会和平台。

在人才使用方面，要建立健全人才使用机制，充分发挥创新人才的聪明才智。这意味着要注重人才的合理配置和流动，让人才能够在最适合自己的岗位上发挥最大的作用。通过建立人才流动机制，让人才能够在不同的领域和岗位之间自由流动，实现人才的优化配置。同时，还要注重人才的激励和约束，通过合理的薪酬体系、晋升机制等激励措施，激发人才的创新活力和工作热情。通过设立创新奖励基金、开展创新竞赛等方式，激励人才积极参与创新活动，推动创新成果的转化和应用。

在人才评价方面，要建立健全人才评价体系，科学、客观、公正地评价创新人才的贡献和价值。这意味着要注重评价的创新性和实用性，避免过度强调论文、专利等数量指标，而忽视人才的实际贡献和影响力。通过建立多元化的评价体系，综合考评人才的学术成果、技术创新、产业转化等多个方面的贡献，全面评价人才的价值和作用。同时，还要注重评价的多元化和主体性，充分尊重用人单位和人才的评价意见和选择权。通过建立用人单位和人才共同参与的评价机制，使评价更加客观、公正、准确。

此外，建立精准有效的项目考核评估制度也是必不可少的。项目考核评估制度是衡量创新项目成果和效益的重要标准，也是激励创新人才持续创新的重要动力。要建立健全项目立项、实施、验收等各个环节的考核评估制度，确保项目的科学性、合理性和可行性。

在项目立项阶段，要对项目的创新性、实用性、可行性等进行全面评估，确保项目符合创新发展的方向和要求。在项目实施阶段，要定期对项目的进展情况跟踪和评估，及时发现问题并采取措施加以解决。在项目验收阶段，要对项目的成果和效益进行全面评估和总结，为后续的创新项目提供有益的参考和借鉴。同时，还要注重考核评估的客观性和公正性，避免主观臆断和利益干扰，确保考核评估结果的准确性和可信度。通过建立独立的考核评估机构或第三方评估机构，确保考核评估的客观性和公正性。

创新精神是推动社会进步和经济发展的不竭动力，也是创新人才必备的品质和能力。在大力弘扬创新精神方面，要通过各种渠道和方式，大力宣传创新精神的重要性和意义，激发全社会的创新热情和创造力。

具体来说，要尊重劳动、尊重知识、尊重人才、尊重创造。劳动是创造价值的源泉，是推动社会进步和发展的重要力量。要通过制度建设、文化营造等多种方式弘扬劳动精神，鼓励人们通过劳动实现自我价值和社会价值。知识是创新的基石，是推动科技进步和文明发展的重要支撑。要加强知识产权保护，鼓励人们积极学习和掌握知识，为创新发展提供有力的智力支持。人才是创新的主体，是推动经济社会发展的关键要素。要通过优化人才政策、改善人才环境等多种方式，吸引和留住更多的人才，为创新发展提供强有力的人才保障。创新是发展的动力，是推动经济发展和社会进步的重要引擎。要大力弘扬创新精神，鼓励人们敢于尝试、敢于突破、敢于创新，为经济社会发展注入新的活力和动力。

同时，还要营造敢为人先的浓厚创新氛围。敢为人先是一种勇于探索、敢于突破的精神风貌，也是创新人才必备的品质和能力。要鼓励和支持创新人才敢于尝试新的思路和方法，敢于挑战传统的观念和做法，敢于突破现有的局限和束缚。为此，要为他们提供宽松包容的创新环境和条件，让他们能够自由地思考、大胆地实践、勇敢地创新。为了实现这一目标，需要加强创新文化的建设和传播。创新文化是激发创新精神、推动创新发展的重要因素，要通过举办创新论坛、创新大赛等活动，加强创新文化的宣传和普及工作。通过这些活动，让更多的人了解和认同创新文化，形成良好的创新氛围和风尚。此外，还要注重培养人们的创新意识和创新能力，让他们具备创新所需的思维方式和技能。

健全政策、营造环境是构建优质人才服务保障体系与创新生态的重要任务。要从政策层面出发，制定更加完善的人才政策，为创新人才提供更多的优惠和支持；从制度层面入手，建立健全各项创新服务制度，为创新人才提供全方位的服务和保障；从文化层面着力，加强创新文化的建设和传播工作，营造良好的创新氛围和风尚。

具体来说，在政策方面，要继续完善人才引进、培养、使用、评价、激励等方面的政策体系。通过放宽人才引进条件、提高人才引进待遇、优化人才引进流程等措施，吸引更多的国内外优秀人才来华工作和创新。同时，要加强对创新人才的培训工作，提高他们的创新能力和实践能力。通过设立创新基金、提供研发支持等方式，鼓励创新人才积极参与创新活动，推动创新成果的转化和应用。此外，还要建立更加科学、客观、公正的人才评价体系，充分发挥用人单位和人才在评价中的主体作用，确保评价结果的准确性和可信度。

在制度方面，要建立健全各项创新服务制度，为创新人才提供全方位的服务和保障，这包括建立人才流动机制、完善薪酬体系和晋升机制、设立创新奖励基金等。通过这些制度的建立和实施，激发创新人才的创新活力和工作热情，推动他们在各自的领域取得更多的创新成果。

在文化方面，要加强创新文化的传播工作，营造良好的创新氛围和风尚。这包括举办创新论坛、创新大赛等活动，加强创新文化的宣传和普及；培养创新意识和创新能力，让他们具备创新所需的思维方式和技能；打造开放、包容、创新的文化环境，让创新人才在这里能够感受到尊重，拥有归属感和成就感。

同时，也要认识到，构建优质人才服务保障体系与创新生态是一个长期而艰巨的任务，需要不断地探索和实践，不断地完善和优化相关政策、制度和文化环境，以适应时代发展的需求和创新人才的需求。

第五章 结 论

在当今社会，文化软实力已成为国家竞争力的重要组成部分，而博物馆作为文化传承与展示的重要载体，其文物数字资源的开发与利用显得尤为重要。本书从党的二十大精神、新时代大众文化需求、信息化发展现状以及博物馆变革的现实需求等多个维度，深入分析了相关研究的背景和意义，明确提出了博物馆文化数字资源开发与利用的研究主题。

党的二十大报告强调了文化自信的重要性，提出要加强文化遗产保护，传承和弘扬中华优秀传统文化。在新时代背景下，大众对文化的需求日益多样化、个性化，博物馆作为公共文化服务体系的重要组成部分，承担着满足人民群众日益增长的文化需求的重要使命。同时，信息技术的飞速发展，为博物馆文化数字资源的开发与利用提供了前所未有的机遇。博物馆作为文化遗产的守护者，为适应时代发展的新趋势，也面临着数字化转型的迫切需求。

　　本书旨在通过深入探索博物馆文化数字资源的开发与利用，更好地实现对文物的数字化保护。在保护的基础上，充分利用文物数字资源，深入挖掘文物所蕴含的历史元素，讲好文物背后的故事，让文物"活"起来，让历史"说话"。通过这一研究，期望能够实现我国博物馆文化数字资源开发和利用效率最大化，为国内博物馆提供经验借鉴和参考，助力中华优秀传统文化的传承和发展。

　　在研究过程中，首先运用了文献分析法，系统梳理了国内外博物馆文化数字资源开发与利用的研究状况。通过对比分析，总结出国外博物馆在文物数字资源开发利用方面的"五化"特征，即数字化、网络化、智能化、个性化和社会化。同时，也明确了国内博物馆在文物数字资源开发利用方面的六大研究方向，即技术应用、内容挖掘、服务创新、合作模式、政策法规和人才培养。

　　为了更准确地把握国家对文物保护的具体要求和总体部署，笔者还深入研究了习近平总书记对文物保护工作的重要指示和当前文物数字化保护政策。通过这些研究，我们深刻认识到，文物数字化保护不仅是技术层面的革新，也是文化传承与发展的重要途径。国家对于文物保护的高度重视，为开展博物馆文化数字资源开发与利用研究提供了坚实的政策支撑。

　　为了更直观地了解文物数字资源开发和利用方面的实际情况，笔者选取了国内外部分有代表性的博物馆作为研究对象，运用了个案分析法和实地调研法。通过深入梳理和分析这些博物馆在文物数字资源开发和利用方面的案例，我们总结出了许多宝贵的经验。

　　然而，在梳理过程中也发现，我国文物数字资源开发与利用存在一些问题。例如，顶层设计不够完善，导致文物数字资源开发和利用工作缺乏整体性和系统性；统一数据管理有待加强，文物数据的标准化、规范化和共享程度不高；文物数据的产出效能不高，数据的应用和服务能力有待提升；"软件"支撑不足，缺乏专业的文物数字资源开发和利用的软件及平台。

针对上述问题，笔者通过借鉴国内外博物馆的成功经验和自身数字化工作的实践经验，提出了未来我国文物数字资源开发与利用的四个路径：

第一，要以目标为导向做好顶层设计。文物数字资源的开发和利用是一项系统工程，需要从整体出发，明确目标和定位。要找准文物数字资源开发和利用的方向与重点，明确需求和目标，通过统筹协作和优化资源，采取适宜的方式采集文物信息。同时，还要注重文物数字资源的长期规划和可持续发展，确保文物数字资源的开发和利用工作能够持续、稳定地推进。

第二，要以决策为目的做好数据管理工作。数据是文物数字资源的核心和基础，要重视数据的收集、整理和分析工作。通过量化的、可视化的数据呈现方式，更直观地了解文物数字资源的状况和特点，为定性分析和智能决策提供依据。同时，还要加强数据的安全管理和隐私保护，确保文物数据的安全性和可靠性。

第三，要以服务为宗旨提升数据效能。技术永远是为内容服务的，文物数字资源的开发与利用也不例外。要充分利用现代信息技术手段，提升文物数字资源的内容挖掘深度和广度。通过借鉴国外的"众包"模式，可以吸引更多专业人士和爱好者参与到文物数字资源的开发和利用中来，共同挖掘文物的历史价值和文化内涵。同时，还要注重文物数字资源的活化利用，实现博物馆资源与教育资源的深度融合和无缝衔接，让中华优秀传统文化如春风化雨般浸润受众的心灵，筑牢文化之基。此外，通过整合博物馆、图书馆、档案馆等资源，建立文物信息关联，构建完善的知识体系，填补历史空白，也是提升数据效能的重要途径。

第四，要以人才为依托提高创新能力。文物数字化建设的可持续发展关键在人才。要注重人才培养和引进工作，利用好行业资源，通过行内轮岗锻炼和导师制联合培养等方式，培养一批具备专业素养和创新能力的文物数字化建设专业人才。同时，还要走出博物馆，利用对外交流学习的机会，紧跟技术前沿，及时更新知识体系，学会与时俱进。人才是第一资源，博物馆要注重营造宜居宜业的人才环境，通过提供良好的工作条件和发展空间，吸引和留住优秀人才，实现人尽其才、才尽其用、用有所成。

参考文献

[1] 江净沙.浅析摄影在博物馆数字化中的应用：以福建博物院为例 [J].中国民族博览，2022，03（06）：186-188.

[2] 王金，鲁宁.新时代博物馆数字化建设初探 [J].炎黄地理，2022（12）：70-72.

[3] 朱娅阳.智慧博物馆视阈下南京博物院的受众体验研究 [D].武汉：华中师范大学，2017.

[4] 张研，董博婷."夺取新时代中国特色社会主义新胜利的政治宣言和行动纲领"——中共中央举行新闻发布会解读党的二十大报告 [J].走向世界，2022（46）：6-8.

[5] 新华社.习近平：加快建立保障高水平科技自立自强的制度体系 [J].中国人才，2021（12）：4.

[6] 王征.国家文物局召开新闻发布会解读《关于加强文物保护利用改革的若干意见》[N].中国文物报，2018-10-12（001）.

[7] 清研智库.文旅部发布关于推动数字文化产业高质量发展的意见 [R].清研智库系列研究报告，2020（06）：66-68.

[8] "十四五"文物保护和科技创新规划 [N].中国文物报，2021-11-09（003）.

[9] 文件起草组.《中共中央关于制定国民经济和社会发展第十四个

五年规划和二〇三五年远景目标的建议》辅导读本［M］.北京：人民出版社，2020：86.

［10］杨世涛.供给侧改革视角下的公共文化服务发展对策——以辽宁省为例［J］.图书馆学刊，2018（08）：53-58.

［11］马成芬.东日本大地震后日本图书馆信息救援平台研究——以saveMLAK为例［J］.数字图书馆论坛，2014，（02）：32-36.

［12］田蕊，龚惠玲，陈朝晖，等.基于移动技术的国外博物馆新型传播模式对图书馆服务的启示［J］.情报资料工作，2012（05）：89-92.

［13］肖宇强.海外藏中国戏曲与民俗文物的"数字孪生"及数字化资源平台建设［J］.文化遗产，2022（01）：89-96.

［14］欧阳宏.故宫院藏文物的三维数据采集与应用［J］.数字图书馆论坛，2019（07）：48-53.

［15］赵紫轩，范花宁，马赞峰，等.张家界市博物馆明代铜佛像的多视角影像三维重建探索［J］.文物保护与考古科学，2018（02）：133-139.

［16］朱磊.5G技术在博物馆领域的应用初探——以中国（海南）南海博物馆为例［J］.中国博物馆，2020（04）：127-131.

［17］李晨，耿坤.关于博物馆数字文化资源开放机制建设的讨论［J］.中国博物馆，2020（02）：31-39.

［18］鲍恩宏.文物藏品资源信息的著作权研究［J］.中国博物馆，2018（01）：8-13.

［19］余凯璇.江西南昌海昏侯遗址数字文化平台共建构想［J］.南方文物，2019（06）：257-260.

［20］周虹霞，李华飙，周宇阳，等.基于大数据与微服务的博物馆智慧服务研究［J］.博物馆管理，2022（03）：47-54.

［21］罗剑彪.文物建筑活化利用的探索——以培田古建筑群为例［J］.福建文博，2022（03）：96-100.

［22］马苹菓.活化馆藏文物资源，讲好民族团结故事——以张家川回族自治县博物馆为例［J］.中国民族博览，2022（17）：202-205.

［23］夏澈.海外智慧博物馆巡礼2——采用各种新技术，以娱乐的方式传递文化内涵［J］.新经济导刊，2015（03）：44-46.

［24］刘文杰."互联网+协作"在文博领域的应用——以大英博物馆"众包模式"完成藏品数字化工作为例［J］.中国纪念馆研究，2017（01）：134-140.

［25］何洋，苏晶晶，郭子淳，等.中美博物馆数字化藏品结构设置比较［M］.北京：中国传媒大学出版社，2013：145-154.

［26］潘玮.新形势下博物馆宣教功能再认识［M］.武汉：武汉出版社，2018：56-61.

［27］石秀敏.对博物馆文物信息资源开发利用的思考——以故宫博物院为例［M］.北京：电子工业出版社，2016：131-137.

［28］吴健.多元异构的数字文化——敦煌石窟数字文化呈现与展示［J］.敦煌研究，2016（01）：123-127.

［29］高天帆.中小型博物馆文物信息化与公众参与的互动模式［J］.艺术品鉴，2024（20）：110-113.

［30］何渝蔺.物联网技术及其应用策略［J］.电子元器件与信息技术，2022（05）：62-64.

［31］清格勒，冯泽洋，石宇.博物馆管理与服务在大数据时代的"蝶变"［J］.文化产业，2024（31）：13-15.

［32］陈蓉."互联网+"时代博物馆的智慧管理路径探究［J］.文物鉴定与鉴赏，2025（03）：106-109.

［33］杨拓.新技术视角下博物馆发展实践与趋势［J］.中国国家博物馆馆刊，2019（11）：146-152.

后　记

　　回顾整本书的撰写历程，我深刻体会到数字赋能对文化资源开发与利用的重要性和巨大潜力。高新技术的持续融入，不仅为文物数字化建设注入了强劲的动力，还促使古老的文物以全新的面貌展现在世人面前，极大地拓宽了文化传播的边界并加深了文化传播的深度。

　　然而，在研究过程中，我也清醒地认识到自身存在的诸多不足与局限。受限于研究时间的紧迫、资料获取的困难以及个人学术水平的有限，本书在某些方面的探讨可能尚显浅薄，提出的观点与对策也可能存在片面或不足。

　　我深知，学术研究是一场永无止境的探索之旅，需要不断追求真理、勇于创新。尽管这部专著在某些方面可能存在不足，但我仍希望它能成为博物馆在文物数字资源开发与利用方面的一份有益参考。展望未来，我将继续密切关注这一领域的发展动态，不断深化自己的学术研究，拓宽知识视野，努力在未来的研究中取得更加丰硕的成果，为数字赋能文化资源开发与利用研究贡献自己的一份力量。

在此，我要衷心感谢在本书撰写过程中给予我悉心指导和无私帮助的各位领导、师长、朋友，以及所有为本研究提供支持和协助的博物馆工作人员，是你们的鼓励与支持如同灯塔一般照亮了我前行的道路，成为我不断追求学术进步的强大动力。在未来的学术道路上，我将铭记这份恩情，不断精进自我，为文化传承与发展贡献更多的智慧与汗水！

周孙煊

2025年2月